# PENSE COM CALMA, AJA RÁPIDO

## UM GUIA PRÁTICO PARA DECISÕES DE IMPACTO

# DANIEL SCHNAIDER

# PENSE COM CALMA, AJA RÁPIDO

## UM GUIA PRÁTICO PARA DECISÕES DE IMPACTO

1ª edição

best.
business

Rio de Janeiro | 2018

CIP-BRASIL. CATALOGAÇÃO NA PUBLICAÇÃO
SINDICATO NACIONAL DOS EDITORES DE LIVROS, RJ

S383p

Schnaider, Daniel
    Pense com calma, aja rápido : um guia prático de decisões de impactos / Daniel Schnaider. - 1. ed. - Rio de Janeiro : Best Business, 2018.

ISBN: 978-85-68905-81-4

1. Empreendedorismo.
2. Negócios - Administração.
3. Sucesso no negócios. I. Título.

                        CDD 658.11
18-50075                    CDU 658.016.1

Leandra Felix da Cruz - Bibliotecária - CRB-7/6135

Texto revisado segundo o novo Acordo Ortográfico da Língua Portuguesa.

Pense com calma, aja rápido - um guia prático de decisões de impacto
Copyrigth © 2018 de Daniel Schnaider

Layout de capa: Túlio Cerquize
Imagem de capa: Bomba relógio (pterwort/Shutterstock)
Mão com alicate (Munk.k/Shutterstock)
Editoração eletrônica: Ana Dobón

Direitos exclusivos de publicação em língua portuguesa para o mundo adquiridos pela Best Business, um selo da
EDITORA BESTSELLER LTDA.
Rua Argentina, 171, parte, São Cristóvão
Rio de Janeiro, RJ - 20921-380
que se reserva a propriedade literária desta edição

Impresso no Brasil

ISBN: 978-85-68905-81-4

Seja um leitor preferencial Best Business. Cadastre-se e receba informações sobre nossos lançamentos e nossas promoções
www.record.com.br

Atendimento e venda direta ao leitor:
mdireto@record.com.br ou (21) 2584-2002

# SUMÁRIO

*Obrigado!* .................................................................................9

**Um pouco de história** ........................................................... 11
    Do Rio para Israel ...............................................................13
    O Serviço de Inteligência do Exército Israelense ..............16
    Identificando habilidades ....................................................17
    O desafio de reestruturar empresas ...................................19
    Especialista generalista .......................................................21
    Compartilhando responsabilidades...................................22

**1. Os fundamentos** .............................................................. 25
    1.1. Granularidade ...............................................................30
        Explorando o detalhes para conhecer o todo ..............31
        Comece do início ............................................................33
    1.2. Escopo ............................................................................34
    1.3. Tempo ............................................................................37
    1.4. Psicológico e habilidades .............................................40
        Não existe receita pronta ...............................................43
    1.5. Equipe ............................................................................45
    1.6. Burocracia .....................................................................48
    1.7. Recursos .........................................................................51

**2. Ferramentas** .................................................................... 55
    2.1. Diagnóstico, .................................................................59
        Quando o problema é o dono ......................................61
        Nunca descuide do fluxo de caixa ................................62
        Antes de agir na crise .....................................................64
        Previsões? Só as realistas ................................................66
    2.2. Missão, Visão e Valores ...............................................67
        Usando o MVV como ferramenta ...............................68

2.3. Comunicação ..................................................................76
    Eficiência é a palavra-chave ............................................77
    Inteligência e credibilidade .............................................80
    Invista no *storytelling*....................................................82
2.4. Planejamento,................................................................84
    Sem planejar o avião não decola .....................................88
2.5. Execução .......................................................................89
    Senso de urgência, estratégia e sorte ..............................92
2.6. Monitoramento .............................................................94
    Transforme tudo em números .......................................95
    Tudo começa pelo líder ..................................................98
2.7. Ajustes .........................................................................100

**3. Ecossistema ........................................................................ 105**
  3.1. Investidor ...................................................................106
    Seja confiável ................................................................108
    Lidando com os homens do dinheiro ..........................109
  3.2. Fornecedores ..............................................................111
    Você e ele estão do mesmo lado ...................................113
  3.3. Parceiros .....................................................................115
    Ecossistema de empresários? ........................................118
    Parceria tem que ser pra valer ......................................120
  3.4. Sócios .........................................................................122
  3.5. Clientes ......................................................................124
    Produzir e vender nem sempre é bom .........................126
    O *trade-off*: não perca o MVV de vista .......................128

**4. Departamentos .................................................................. 129**
  4.1. Comercial ...................................................................130
    Entenda o cliente .........................................................131
    Escolha o cliente ..........................................................136
    Vendas com equipe própria ..........................................138
    Canais ............................................................................141

4.2. Financeiro ........................................................................ 144
    Crédito ............................................................................ 144
    Contas a receber ............................................................ 147
    Contas a pagar .............................................................. 148
4.3. Operações ...................................................................... 149
    *Supply chain* .................................................................. 151
    Logística ......................................................................... 152
    Transporte, ..................................................................... 153
4.4. Serviço de atendimento ao cliente ............................... 154
4.5. Marketing ...................................................................... 157
    Uma força agregadora .................................................. 158
    Seja coerente ................................................................. 159
4.6. Relações-públicas ......................................................... 161
    Vendendo sensações ..................................................... 162
4.7. Recursos humanos ....................................................... 164
4.8. Governança, risco e *compliance* ................................. 168
4.9. Desenvolvimento de novos negócios .......................... 171
4.10. Controladoria ............................................................. 175
4.11. Jurídico ........................................................................ 178
    Equilibrando forças ...................................................... 180
4.12. *Facilities* ..................................................................... 182

**5. Estratégia** ............................................................................ **187**
    5.1. Liderança ...................................................................... 189
    5.2. Melhoria contínua ...................................................... 192
    5.3. Inovação ....................................................................... 196
    5.4. Fusões, aquisições e venda de ativos ........................ 198

**6. Decisões de impacto** ........................................................ **203**

# *OBRIGADO!*

Muitos leitores, e admito ser às vezes um deles, pulam esta parte de agradecimentos. Agora, como autor, vejo um novo significado para esta seção. O agradecimento é profundo, emocionante, e palavras jamais bastariam para demonstrar o sentimento para tantas pessoas que foram fundamentais para que este livro estivesse em sua mão.

O processo de escrita em si não foi tão difícil, mas a vivência de vinte e cinco anos que subsidiou esta história, com toda a certeza, foi desafiadora. Entre ter essas ideias e disponibilizar este conjunto de conhecimentos nas mãos, muita gente ajudou.

Para começar: a minha esposa, parceira, amiga, amor de minha vida, executiva que trabalha doze horas por dia e, mesmo assim, achou força e disposição para segurar a barra em casa, depois de um dia cansativo de trabalho, para que eu pudesse me dedicar à realização de meu sonho.

A meus sócios, Nilson Brizoti e Murilo Leles, sempre me mostrando que não é porque é sério que precisa ser chato. Vocês tornaram o trabalho algo divertido e engraçado. Suas qualidades suprem minhas deficiências e trazem um resultado que eu jamais poderia imaginar.

Claudio Laniado, que me apresentou ao Eduardo Infante, responsável por me introduzir no mercado literário.

Cezar Souza e Ney Cavalcante, dois autores que recomendaram o projeto do meu livro publicamente, quando era meramente uma ideia.

Robson Henrique, meu amigo secreto, agora não tão secreto, que é o cérebro por trás de muitas das minhas iniciativas, incluindo o nome do livro. É, sem dúvida, o melhor publicitário que já conheci. Me mostrou uma crença tão grande em minha pessoa que me convenceu do meu papel importante na sociedade.

Jayme Brener, da Ex-Libris, e Guilherme Costa, que fizeram um trabalho fabuloso me ajudando com o meu português de gringo.

Elaine Lina (afinal, nunca esquecemos nosso primeiro relações-públicas), você me abriu os olhos, me apresentou dezenas de ferramentas e me convenceu de que o mundo precisava escutar o que eu tinha a dizer — e ler o que tenho a escrever.

Thiago Mlaker, da Editora Record, que me valorizou a ponto de ficar insistindo um ano, em incontáveis e-mails. Admiro seu trabalho, persistência, transparência e humor.

A minha mãe (Fanny), irmã (Michal) e irmão (Yuval), que estiveram do meu lado nos últimos quarenta anos antes da publicação do livro — vocês são meus heróis.

Finalmente, aos meus filhos, Sophia e Matheus, que completam cada célula do meu corpo com um amor infinito. Vocês me fazem acordar todo dia feliz, realizado pelo privilégio de ser pai. Tenho uma vontade imensa de ser uma pessoa melhor e deixar um legado que possa fazê-los orgulhosos a ponto de dizerem: "quem fez isso foi meu pai!". Nunca esqueçam que papai ama vocês mais que toda a energia do universo.

A todos vocês, os meus mais sinceros agradecimentos. Vocês são parte da minha história e do meu humilde sucesso. Espero algum dia poder ser recíproco em nosso relacionamento e que nossa parceria cresça por muitos anos.

Caso eu tenha esquecido alguém, me avise! Plantarei uma árvore em sua homenagem.

# UM POUCO DE HISTÓRIA

Uma lição valiosa que aprendi nos últimos vinte anos é que a essência de uma empresa está na coesão das pessoas que trabalham nela. As conquistas e os fracassos dependem daqueles que defendem o futuro da organização. Não importa o grau de sofisticação das ferramentas e dos processos: mesmo que se possa contar com o que existe de mais moderno, é primordial ter a atenção voltada para o lado humano.

Por mais que o assunto em questão seja a estratégia corporativa, é preciso levar em conta que são as vidas das pessoas que estão em jogo: desde o diretor de alto escalão, que dedicou toda a carreira àquela organização, até o funcionário de *backoffice*, que depende do salário para pagar suas contas. Empresas, pequenas ou grandes, muitas vezes fracassam porque deixam as histórias humanas em segundo plano.

Então, em primeiro lugar, eu vou contar um pouco da minha história. Nada mais justo do que compartilhar o que existe por trás de quem escreve um livro. O Daniel Schnaider nem sempre foi sócio-diretor da SCAI Group. Se hoje eu consigo mudar a realidade de muitas empresas como consultor em inovação e estruturação de negócios, é porque percorri uma longa trajetória de esforço, aprendizado e muito trabalho.

Essa história começou há muitos anos, em Copacabana, no Rio de Janeiro, minha cidade natal. O destino dos Schnaider encontrou o Brasil para escapar de uma das maiores tragédias da humanidade. A família da minha avó, ao perceber os perigos da perseguição nazista, imigrou para o Brasil antes que a *2ª Guerra Mundial* eclodisse na Europa. Os parentes do meu avô, porém, não tiveram tanta sorte. Não se sabe ao certo o que aconteceu, mas a informação que temos é que seus pais e dez dos onze irmãos foram assassinados.

Meus avós se conheceram no porto, logo na chegada ao Brasil. Como tinham perdido tudo, dá para imaginar quantas dificuldades eles enfrentaram. Meu pai, Matheus Schnaider, teve uma infância muito pobre, mas isso não o impediu de construir um futuro brilhante. Formou-se engenheiro pela Universidade Federal do Rio de Janeiro (UFRJ) e completou os estudos na França, em um curso equivalente a um mestrado.

A trajetória profissional do meu pai começou a deslanchar nos Estados Unidos, trabalhando na Unidade de Pesquisa da GE, onde ele foi peça-chave para a descoberta de um aparato que hoje existe praticamente em todos os lares. Ele desenvolveu o primeiro modelo de geladeira que não congela, o chamado *frost free*. Mais adiante, esteve envolvido no grupo de pesquisa que inventou o micro-ondas, mas o produto só ficou pronto mais tarde, quando o projeto foi concluído em outra empresa.

Alguns anos depois, meu pai partiu para Israel e seguiu os estudos no Instituto Technion — o equivalente ao MIT no país. Depois de desenvolver alguns projetos, foi convidado para trabalhar na Etiópia, como vice-presidente da farmacêutica Teva. Nessa época, ele já colocava em prática uma lógica que viria a ser tendência anos depois: a da terceirização da mão de obra e a da produção para reduzir custos.

Depois da experiência na Etiópia, partiu para o Irã, onde atuou como um dos consultores estratégicos do Xá, o líder político local, para a construção de um país moderno. Mas foi um trabalho que não durou muito tempo. Ao perceber os ares da Revolução Iraniana que viria a acontecer em 1979, meu pai resolveu voltar para o Brasil.

A história que ele construiu aqui começou no setor público, quando recebeu um convite para ocupar a Secretaria de Governo da Prefeitura do Rio de Janeiro. Também atuou na função de vice-presidente executivo do Banco do Desenvolvimento (BD) e do Banco do Estado do Rio de Janeiro (BANERJ), que muitos anos depois, em 1997, seria comprado pelo grupo Itaú. Meu pai cumpriu um papel importante na recuperação do banco em uma época turbulenta. Quando assumiu o cargo, encontrou a instituição com o maior déficit de sua história. Ao fim do exercício, o banco teve o maior superávit de todos.

Um fato curioso é que nessa época ele conheceu um jovem bastante ambicioso que prometia construir uma carreira promissora no automobilismo. Meu pai, então dirigente do BANERJ, decidiu acreditar nele e autorizar o patrocínio. Tratava-se de ninguém menos que Ayrton Senna, o piloto brasileiro de Fórmula 1 mais bem-sucedido e admirado de todos os tempos. Existe até uma foto que ficou famosa: meu pai e Senna juntos, apertando as mãos, como se estivessem fechando um acordo.

A história do meu pai foi interrompida em 1993, por um câncer. Eu tinha acabado de comemorar meu aniversário de quinze anos e estava empolgado para fazer um intercâmbio nos Estados Unidos. Acabei desistindo da viagem em função da doença dele. Resolvi ficar com meu pai no tempo que restava. Se todo mundo, em algum momento da vida, idealiza um certo heroísmo nos pais, o meu foi um herói de verdade. Para mim e para muita gente. Hoje eu sou capaz de entender que a história dele é muito ligada à minha e muitas decisões que ele tomou teriam consequências em quem eu sou hoje.

## DO RIO PARA ISRAEL

Nasci em Copacabana, mas cresci em Santa Teresa, Zona Central do Rio de Janeiro. Tive uma infância maravilhosa, em que aprendi a ter uma visão muito otimista do mundo. Isso até me mudar para Israel, aos treze anos, e enfrentar a adaptação à cultura local. Se no bairro carioca em que cresci eu era o filho de Matheus Schnaider e todos me tratavam com gentileza, naquele novo país eu era um estranho, um desconhecido.

Em minha interpretação imatura, os brasileiros eram, de modo geral, mais legais e os israelenses eram agressivos. Eu chegava a alternar caminhos até a escola para evitar confrontos com outras crianças do bairro. De fato, presenciei coisas bem violentas nessa época. Uma vez, uma turma de garotos maiores — que pareciam estar drogados — me apedrejou. Definitivamente, eu não tive uma recepção acolhedora.

Era um momento difícil em Israel. O país tinha recebido mais de um milhão de imigrantes naquele momento, e isso representava um aumento em 20% da população. É como se hoje chegassem ao Brasil mais de quarenta milhões de pessoas de uma só vez em busca de uma vida nova. Além de precisar me adaptar a uma nova cultura e aprender um novo idioma, os problemas familiares também me preocupavam.

Eu não podia mais contar com os meus grandes heróis. Meu pai tinha ficado no Brasil, e minha mãe parecia cada vez mais ausente. Hoje, já adulto, tenho a compreensão de que eles passavam por um período de tensão no casamento e, caso meu pai continuasse vivo, eles teriam se separado. Isso afetou minha mãe e a deixou mais distante. Era uma pessoa diferente daquela que eu conhecia no Brasil. Havia ainda a questão financeira: meu pai começou a ter problemas no mundo dos negócios. Se em Santa Teresa eu vivia em uma casa grande e confortável, em Israel minha mãe e eu mudávamos muito de cidade, sempre morando em apartamentos pequenos.

As amizades eram raras em Israel; meus irmãos mais velhos eram praticamente as únicas pessoas com quem eu podia contar. Um dos meus poucos amigos, um argentino chamado Andrés, escondeu uma grave doença no exame de admissão do Exército e, com os esforços do treinamento, teve um colapso e morreu. Diante de tudo isso, encontrei refúgio nos estudos. Mas não estou me referindo à escola regular.

Aos treze anos eu já me interessava muito por computação e comecei a estudar por conta própria. Meu cunhado era quem mais me incentivava, trazendo livros e imprimindo materiais para que eu pudesse estudar. Nesse período, eu ganhei um computador de presente. Era tão velho que não rodava os jogos da moda sobre os quais eu tanto ouvia meus colegas na escola comentarem. Então, eu precisava criar minhas próprias atividades e tentar tirar o máximo daquele equipamento já ultrapassado.

Quando nos mudamos para Tel Aviv, tive a ajuda de uma estudante chamada Hila. Ela participava de um programa do Governo de

Israel chamado *Perah* (flor em hebraico), uma iniciativa bem interessante: os estudantes universitários recebiam descontos em troca de tutorias para crianças na escola. Hila sempre marcava os nossos encontros na biblioteca da universidade, e lá eu descobri uma verdadeira minicidade de conhecimento ao meu dispor. Eu mergulhava nos livros e até assistia a algumas aulas. Fiz isso praticamente todos os dias por quatro anos.

Mas eu não me limitava a ficar com a cara enfiada nos livros e brincando no computador o dia todo; eu realmente me engajava nos meus próprios projetos. Pode-se dizer que, aos treze anos, eu já era um empreendedor. Aliás, essa é uma das maiores heranças do meu pai: ele despertou em mim o dom para o mundo dos negócios. Desde cedo fui preparado para isso. Quando eu tinha apenas doze anos, meu pai me colocou em contato com um empresário carioca chamado Ary Duriez, para que eu pudesse ajudá-lo a montar uma das primeiras lojas de aluguel de jogos.

Em 1992, com a ajuda de um colega, criei um dos primeiros sites de comércio eletrônico do mundo, chamado Quantum. Num primeiro momento, nós comercializávamos trabalhos de colégio e faculdade. Mais tarde, em 1995, já com outro nome e sem a ajuda do colega, desenvolvi um aplicativo chamado Shopping. Era uma infraestrutura de comércio eletrônico que poderia ser usada por qualquer loja e teve usuários como Pizza Hut, uma hamburgueria e os Correios. A primeira etapa dessa empresa aconteceu em casa, de maneira informal. Já o aplicativo foi posteriormente passado para uma empresa chamada Galcom (que tempos depois mudou o nome para Infogate).

Isso foi muito antes da Amazon ou das gigantes do *e-commerce* que conhecemos atualmente. Nós usávamos um sistema chamado *Bulletin Board System* (BBS), que permitia, com o uso de um computador e um telefone, fazer pedidos de vendas. Hoje parece trivial, mas naquele momento nem se imaginava o potencial da comercialização *on-line*.

Mais ou menos na mesma época, fizemos parte de um experimento para instalação de fibra óptica em nossa casa em Israel. Então, tive acesso à internet banda larga desde muito cedo. Desenvolvi para a Galcom também um sistema de roteamento de fax sobre IP, uma tentativa de economizar em ligações internacionais — que custavam uma fortuna —, além de um sistema informatizado para edifícios inteligentes.

Outro projeto muito interessante foi um estudo da Universidade de Bar-Ilan. Participei do desenvolvimento do software utilizado para tabular os dados da pesquisa, que consistia, resumidamente, em comparar o passado dos pais com o vocabulário das crianças. Os pesquisadores queriam descobrir até que ponto os lugares onde os pais moraram e estudaram influenciavam a capacidade lexical dos filhos.

## O SERVIÇO DE INTELIGÊNCIA DO EXÉRCITO ISRAELENSE

Colocar a mão na massa sempre foi uma característica forte da minha personalidade. Até hoje nunca parei de estudar, e isso nunca me impediu de sempre encaminhar diversos outros projetos paralelos. Enquanto me envolvia no desenvolvimento desses sistemas, eu frequentava a escola regular, me preparava para o processo seletivo do Exército e era, além de tudo, um jovem normal, que gostava de jogar bola.

Depois de completar os estudos regulares, ingressei no serviço militar. Para entender um pouco da cultura de Israel, quando se contrata alguém, não se analisa o currículo, qual universidade cursou ou as experiências profissionais. Leva-se em conta a atuação dessa pessoa no Exército. Acontece que eles são tão rígidos nos processos seletivos e nos treinamentos que as empresas confiam mais na instituição militar do que nas faculdades na hora de selecionar um candidato.

Muito diferente de como acontece no Brasil, não fui para um quartel aprender a bater continência. Ingressei em uma unidade de elite do *Serviço de Inteligência do Exército* israelense, um posto disputado por mais de cem mil pessoas e para o qual não mais do que cem candidatos conseguiam ser selecionados. Foi, sem dúvida, um dos momentos mais importantes da minha vida.

A passagem pela *Unidade de Inteligência do Exército* foi crucial para a minha carreira, pois foi lá que desenvolvi capacidades analíticas fundamentais para o que eu faço hoje. O treinamento consistia em ficar sozinho em uma sala resolvendo uma série de problemas extremamente complexos de matemática e ciências da computação. Eram aproximadamente quinze horas diárias de estudo. Eventualmente, algum instrutor passava por lá para fazer algumas perguntas e aplicar uma dose de humilhação. Eles esperavam que, com isso, você criasse uma capacidade autodidata de elaborar trabalhos perfeccionistas que conseguissem sobreviver às críticas de avaliadores seniores.

Foi assim por quase seis meses de treinamento. Pode parecer pouco, mas, se você multiplicar o número de horas dedicadas, isso corresponde à mesma carga horária de um curso de graduação. Foi literalmente uma aceleração do conhecimento. Os instrutores eram altamente capacitados, e nós estudávamos o dia inteiro. Não havia atividades em grupo; eles estavam focados mesmo nos talentos individuais, e havia muitos lá. Alguns colegas fizeram a prova que equivale ao Exame Nacional do Ensino Médio, o Enem, e não erraram nenhuma pergunta. E esse não foi o único modelo de corte no processo seletivo do Exército: era preciso ainda demonstrar experiência aplicada em áreas de tecnologia. Enfim, eram pessoas brilhantes.

## IDENTIFICANDO HABILIDADES

Mas eu não era uma dessas pessoas. Certa vez, perguntei para um dos avaliadores que tinham me levado para o programa: "Por que vocês me escolheram se eu nunca vou ter essas habilidades?" Acontece que eu tinha outras qualidades, como a capacidade de liderança, por exemplo. Diferentemente daqueles outros gênios, eu conseguia colocar pessoas com habilidades diversas em um time para alcançar um objetivo em comum. Eu tinha a capacidade de entender problemas extremamente complexos e explicar para outras pessoas de maneira muito simples. Eu sabia transitar entre os diferentes níveis de comunicação para que todos pudessem compreender as tarefas. Esse era o meu diferencial.

Logo após a experiência no Exército, começou o processo embrionário do SCAI Group e, como consequência, minha estreia no mundo corporativo. Passei a atuar como consultor para algumas *startups*. Eu trabalhava de dentro da empresa familiar dirigida por David Korenfeld, uma pessoa maravilhosa que foi e é fundamental para meu humilde sucesso. Estive em contato com empreendedores do Brasil e de Israel discutindo, a princípio, tecnologia e inovação.

Bem cedo percebi que essas *startups*, apesar de toda a sofisticação em engenharia de software e capacidade criativa, tinham muitos problemas de gestão. Seus administradores não sabiam definir um modelo de negócio resiliente, não conseguiam lidar com investidores e, principalmente, não tinham ideia de como conquistar o mercado. Foi nesse momento que descobri uma verdadeira vocação: percebi que podia ajudar essas empresas a sair do campo das ideias e colocar produtos de sucesso no mercado.

Paralelamente a esse projeto, em 2001, participei de um processo seletivo na IBM. Havia apenas dez vagas para cinco mil candidatos. Nove delas foram preenchidas por pessoas com privilégios ou vínculos familiares com executivos. Eu fiquei com a vaga que restava, sendo o único escolhido por mérito.

Trabalhei por oito anos na unidade global de tecnologia da IBM. A atribuição da nossa equipe era analisar as aplicações desenvolvidas por *startups* e decidir quais poderiam ser integradas como parte das nossas soluções de mercado. Foram três mil formulários avaliados e mais de duzentas empresas que conheci pessoalmente. Ao mesmo tempo que eu estava ali para avaliar, passei por um processo de aprendizado valioso. Visitei unidades de P&D, conheci a fundo as estratégias de marketing, vendas, financeiro etc. Eles nos viam como portas para encontrar investidores e clientes no mundo inteiro, por isso abriam todas as informações e mostravam de que maneira lidavam com os problemas e desafios.

A SCAI caminhou em paralelo ao projeto da IBM até 2008. A partir de então, meu objetivo passou a ser o de ajudar empresas e organizações a reformular suas estratégias e implementar processos de inovação. Algumas experiências foram com a esfera governamental. Eu tinha vindo para o Brasil, inicialmente, para auxiliar um bilionário americano interessado em investir em empresas brasileiras.

Mas acabei percebendo que o Governo deste país tinha muitas deficiências. Fiz, entre tantos outros, um estudo aprofundado sobre o risco de apagões para o Ministério de Minas e Energia para entregarmos o projeto *Guarujá, Cidade do Futuro*, um extenso planejamento para melhorar a qualidade de vida dos moradores dessa cidade do litoral paulista. Além disso, mapeamos maneiras para evitar a entrada de doenças que poderiam ameaçar o campo para o Ministério da Agricultura, Pecuária e Abastecimento e promovemos a reengenharia da Lei da Defesa do Torcedor no Ministério do Esporte. Outras experiências foram com grandes marcas, em que literalmente reestruturamos todos os processos e de onde nasceram novas empresas. Entre elas estavam financeiras, institutos de pesquisa, plataformas de comércio eletrônico.

## O DESAFIO DE REESTRUTURAR EMPRESAS

Percebi, pouco a pouco, que em uma grande corporação a palavra "mudança" geralmente não é bem-vinda. Os processos decisórios passam por muitas camadas de hierarquia em que cada um quer dar sua contribuição (para não dizer opinião). Quando finalmente é aprovada a mudança sugerida, em vez de amadurecida, parece uma colcha de retalhos, sem contar todo o tempo perdido.

Foi por isso que passei a me concentrar em empresas com poucos sócios e controladores, muitas delas familiares. E não pense que estamos falando daquele casal que tem uma farmácia no bairro, em que o filho repõe os produtos na prateleira e a filha trabalha no caixa. O recorte a que me refiro é o de empresas com faturamento que vai de cinquenta milhões até aquelas que superam os três bilhões de reais. São companhias que representam uma fatia significativa no ecossistema de empreendedorismo no país e que estão em busca de uma formalidade maior nos processos.

Acontece que na empresa familiar as decisões ficam nas mãos de uma ou duas pessoas. Desse modo, a atuação como consultor tem uma diferença mais significativa. O diálogo é direto e eficaz. Nestes últimos anos, reestruturei empresas das mais diversas áreas: software, construção civil, *e-commerce*, logística, relações-públicas. Minha atuação era direta e tinha uma autonomia muito grande. Apesar de eu não assumir nenhuma função no contrato social da empresa, eu interferia diretamente em todos os departamentos.

Ao contrário do que fazem muitas consultorias, eu não entrava nas organizações com um modelo pré-estruturado nem tentava colocá-las em moldes definidos. Essa não é uma estratégia eficaz, porque a sua empresa é diferente de todas as outras. As pessoas que estão lá são diferentes das que trabalham em outras empresas. É por isso que sempre procurei conhecer a empresa a fundo e desenvolver diagnósticos para atuar de maneira personalizada para aquela realidade específica. Isso é possível? Não só possível como essencial.

O grande problema da teoria no mundo dos negócios é que ela generaliza demais. Eu não vejo como poderia aplicar o mesmo modelo, um desses que se estudam nas faculdades de administração, para uma empresa da área financeira e uma construtora, por exemplo. O *background* das pessoas é completamente diferente. O *core* dessas companhias é distinto. O modelo de cada uma delas precisa ser desenvolvido na prática, com uma percepção empírica e analítica da realidade de cada uma delas.

Eu realmente consegui resultados extraordinários dentro das empresas para as quais prestei consultoria. Algumas precisavam urgentemente rever seus orçamentos, caso contrário seriam enterradas pelo próprio custo operacional em pouco tempo. Em um dos casos foi possível reduzir as despesas de cem para oitenta milhões anuais. E o mais importante: sem perder na qualidade dos produtos e na satisfação dos clientes, só revendo e otimizando processos.

Acabo, de vez em quando, deparando com alguns vícios que alguém de dentro da empresa não conseguia ver até então. Houve um caso muito interessante de uma organização que conseguiu economizar mais de dez milhões de reais em impostos. E estamos falando de agir licitamente, não de sonegação, como muitos fazem por aí. Acontece que, no Brasil, o medo do leão é tão grande que muitas companhias acabam pagando a mais, ou de maneira pouco inteligente, os seus tributos, com medo de cair na malha fina da Receita. Apesar de não ser especialista em tributação, eu conseguia enxergar esses detalhes, dos quais os contadores e tributaristas da empresa não se davam conta. Em outro caso, ajudei o cliente a aumentar o faturamento de 12 para 22 milhões mensais reduzindo a exposição de risco de crédito.

## ESPECIALISTA GENERALISTA

Acontece que, hoje em dia, temos muitas pessoas que se especializam muito em um determinado assunto e ficam presas em sua própria redoma. Porém, o que as empresas mais precisam são os chamados especialistas generalistas, indivíduos que conseguem transitar nas diferentes áreas com certo nível de profundidade sem comprometer o que chamamos, em inglês, *the big picture*, a visão do conjunto.

É por isso que nunca parei de estudar: porque sempre encontro coisas novas nas quais preciso me especializar, ou coisas nas quais os meus clientes precisam que eu me especialize. Nos últimos 20 anos, em paralelo a todas as minhas outras atividades, avancei em estudos sobre economia comportamental, *big data* e inteligência artificial, crédito, logística, fusões e aquisições e até mesmo em microeconomia voltada para a mitigação da pobreza (afinal, as empresas dependem muitas vezes de pessoas que recebem um salário mínimo, mas que podem causar impactos de milhões).

Se muitas companhias desembolsam uma pequena fortuna para contar com uma consultoria desse nível, minha proposta é que você mesmo, empresário, administrador, sócio, tenha a capacidade de aplicar as mais sofisticadas ferramentas de gestão que existem e formular uma estratégia de sucesso na sua empresa.

Cheguei a essa decisão aprendendo com um erro. Recentemente, resolvi visitar algumas empresas nas quais atuei como consultor em recuperação ou reestruturação. Depois que cumpri minha missão nessas organizações, deixei um legado na revisão de processos e em trazer aquelas equipes de volta para o caminho certo. Mas tenho a humildade de reconhecer que não pensei no processo sucessório. Os empreendedores que tomaram as rédeas do negócio quando minha consultoria terminou não estavam preparados para dar continuidade àquelas melhorias. Então, enfrentei o triste choque de realidade de perceber que diversas daquelas empresas, hoje em dia, já estavam novamente passando por maus bocados.

Este livro faz parte do projeto ambicioso de criar multiplicadores dessas lições, que, acredito, são essenciais para perpetuar um negócio de sucesso, independentemente do tamanho ou ramo de atuação. A cada capítulo, eu vou buscar transmitir e abordar conceitos e ferramentas capazes de dar subsídio ao empresário em sua estratégia corporativa.

Ao longo da leitura, você vai reunir um grande acervo de mecanismos, e poderá escolher os mais adequados dentre eles. Não existem modelos engessados de gestão. O melhor caminho para a sua empresa não está em um mapa estratégico predefinido; ele provavelmente ainda nem existe. A sua estratégia, aquela que só pertence à sua organização, precisa ser construída. E neste livro você vai conhecer as ferramentas necessárias.

Este livro tem a missão de condensar as valiosas lições que aprendi como empreendedor, avaliador e consultor. Ele é a soma de todas as pessoas que conheci, de todas empresas que ajudei e de todos os processos que implementei.

## COMPARTILHANDO RESPONSABILIDADES

Voltando um pouco à história do meu pai, às vezes, ainda criança, eu não percebia que ele estava imprimindo certos valores em mim. Percebo que ele já me preparava para fazer exatamente o que eu faço hoje: encarar problemas complexos para ajudar as pessoas. Minhas escolhas me levaram a ajudar os empresários — esses verdadeiros guerreiros que, muitas vezes, me parecem ser o único fôlego de inovação no país.

Nós acompanhamos, na mídia e nas redes sociais, cada passo do Governo, na esperança de que ele um dia encontre as soluções para as muitas mazelas da sociedade. Mas eu penso em algo diferente.

Acredito que a única forma de atender aos diversos e complexos problemas do mundo (desigualdade, catástrofes, terrorismo, doenças), mantendo as pessoas comprometidas e engajadas, é envolver os diversos *players*, principalmente as empresas. A responsabilidade não deve ficar somente nas mãos dos governantes — eles nem estão interessados em grande parte das vezes. Incentivar a iniciativa privada é ajudar a criar uma sociedade mais justa, sustentável, que visa, sim, o lucro, mas sem abrir mão dos grandes desafios em nome de um bem maior. Essa é a única solução para a nossa e as futuras gerações. Se você não acredita, leia até o fim. Tenho certeza de que, ao virar a última página, você vai estar convencido de que os empresários, e apenas eles, é que vão sobreviver e vencer.

Este projeto tem um significado muito especial, por fim, porque me permite ampliar o número de pessoas ao meu alcance. Por intermédio dele, espero compartilhar um pouco do que aprendi e que de fato pode fazer a diferença para muitos. Se com o SCAI Group, a minha empresa, eu alcanço um grupo seleto, espero agora difundir esse conhecimento em um âmbito muito maior.

Então, bem-vindo ao meu mundo, um lugar de muito suor e trabalho, muitas vezes solitário, onde procuro saciar uma sede de conhecimento e a fome voraz de usar o que sei para inovar ajudando outras pessoas.

Boa leitura!

# *1*

# OS FUNDAMENTOS

Na escola primária, a professora ensina as crianças a fazerem as quatro operações básicas da matemática. O maior desafio não é fazer o aluno simplesmente aceitar que dois mais dois é igual a quatro ou decorar a tabuada. Ele precisa entender a lógica por trás de uma soma ou de uma multiplicação. Só assim, mais adiante, esse indivíduo será capaz de realizar operações mais complexas, como equações ou funções, e saberá aplicar isso na vida real.

Essa é uma estrutura constante em todas as áreas da aprendizagem. Quando entramos na faculdade, por exemplo, os primeiros semestres são dedicados a disciplinas introdutórias, em que nos ensinam os conceitos elementares. Quando se começa a trabalhar em uma nova empresa, é comum passar por um treinamento inicial para absorver alguns procedimentos básicos. No mundo da gestão e da estratégia corporativa não poderia ser diferente.

Muitas pessoas pecam ao tentar implementar novos processos sem antes estarem seguras de que dominam alguns fundamentos essenciais. É por isso que, nesta primeira parte do livro, vamos falar de aspectos que, independente da área de atuação, precisam ser interiorizados.

Os primeiros fundamentos que vamos comentar são *granularidade* e *escopo*. Eles são mais analíticos e, em alguns casos, até filosóficos. Por que são tão essenciais? Esses conceitos tratam de entender como as muitas partes formam um todo no processo e, consequentemente, como o inteiro se comporta para atender às diferentes partes. Vamos debater melhor sobre o fato de muitos empresários só conseguirem fazer a macrogestão, ou seja, quando precisam de certo nível de profundidade, incorrem em erros. Outros fazem justamente o contrário: se apegam muito a detalhes e deixam o conjunto desmoronar.

O assunto seguinte é o *tempo*. Vou repetir muitas vezes: ele é o maior inimigo das empresas. Afinal, tudo depende do tempo. Os projetos têm que atender aos prazos. Se a empresa não souber calcular corretamente quanto tempo vai demorar para alcançar determinado objetivo, pode acabar desrespeitando *deadlines*, atrasando processos posteriores, elevando custos, perdendo oportunidades e assim por diante. Gerenciar uma empresa em momentos críticos é uma verdadeira corrida contra o relógio.

Em seguida, vamos debater o *psicológico* e as *habilidades*. São assuntos pouco conversados no mundo dos negócios, em que se acredita que todos os empresários são "sempre fortes". As técnicas de gestão esquecem que somos seres humanos e que nossas emoções exercem uma influência enorme sobre tudo o que fazemos. Nunca se deve começar a aplicar qualquer método sem ter a consciência da verdadeira situação psicológica das pessoas envolvidas.

Por falar em pessoas, a *qualificação* é um ponto-chave. Toda vez que se analisa determinado departamento ou projeto de uma companhia, o sucesso dependerá muito de quão preparada a equipe está. Não é raro encontrar times em que existem muitos jovens bem qualificados e motivados, mas não há a maturidade necessária. Por outro lado, funcionários que estão na empresa há anos, que talvez fossem bons quando entraram, já estão acomodados e não atendem mais às necessidades da organização.

Outro fundamento é a *burocracia*, sempre vista como um aspecto negativo. É necessário, sim, organizar pessoas, recursos e tecnologias em um sistema burocrático. Em um mundo perfeito, todos os funcionários entram e saem do trabalho no horário, sem atrasos ou trapaças, e não precisam marcar o ponto todos os dias. Mas sabemos que na vida real não é bem assim. Até existem empresas com alternativas bem criativas, no entanto, de uma forma ou de outra, é preciso algum tipo de formalização para que esses processos funcionem.

De qualquer forma, quase todos concordam que o excesso de burocracia, muito comum em nossa realidade, atrapalha. E esse é mais um motivo para que a analisemos como um fundamento básico. Precisamos questionar que tipos de burocracia podem comprometer ou atrasar os negócios. Pode ser um alvará, uma licença ambiental ou até o tempo que leva para contratar pessoal. Tudo isso deve ser levado em conta.

Não menos importantes são os *recursos* de uma empresa. Algumas pessoas confundem recursos com ativos, outras pensam logo em fluxo de caixa ou contas a pagar e receber. Os recursos fazem parte de um fundamento maior, ligado à capacidade da companhia de aplicar esforços, suficientes e eficientes, humanos ou materiais, para alcançar determinado objetivo, respeitando um sistema de tomada de decisões. Uma empresa só aplica seus recursos adequadamente quando a gestão está muito bem embasada pelo diálogo efetivo de seus dirigentes, seja por meio de um conselho diretivo ou de outra estrutura qualquer. Essa hierarquia não pula etapas nem entrava as diretivas. São métodos que permitem implementar as medidas necessárias para cada situação e, diante de problemas, encará-los com um tempo de resposta satisfatório.

Vamos dar um exemplo de como isso se encaixa na vida real antes de entrar em detalhes sobre cada um desses fundamentos. Imagine que você está à frente de uma companhia fornecedora de soluções em TI e é contratado por outra empresa que está totalmente *offline*, mas deseja modernizar sua operação. Em primeiro lugar, na reunião de *kick-off*, você estará tratando com pessoas sem conhecimento em tecnologia, então o briefing terá de ser feito com explicações mais detalhadas sobre os serviços prestados. Por isso, nesse caso, é importante aplicar o conceito de *granularidade* — e vamos discutir isso mais a fundo — a fim de detalhar o máximo possível para seus clientes as etapas e complexidades do projeto. Dessa forma, mesmo as pessoas sem domínio algum sobre informática terão uma noção mais clara do trabalho que será feito.

A decisão da granularidade é específica para cada caso. Em outras situações, detalhes de mais poderiam gerar medo, insegurança e até fazer o cliente se sentir despreparado para o projeto. A falta de granularidade, por outro lado, poderia criar uma expectativa irreal por parte do cliente: ele poderia cobrar em poucos meses um entregável que demoraria pelo menos um ano. Seu cliente poderia até mesmo cancelar o projeto, que, a seu ver, não estaria avançando o suficiente.

Em seguida, você precisa desenhar o *escopo* do trabalho. Quem determina o objeto, diferente do que muitos pensam, não é contrato de prestação de serviços, pois este pode ser adaptado posteriormente por meio de um aditivo. Seu cliente pode ter contratado você pensando somente na aquisição e instalação das máquinas, mas você enxerga que ele precisará de uma rede corporativa segura, de um serviço de e-mails mais eficiente, de um software de gestão e de um website. Você pode oferecer ainda um serviço contínuo de *helpdesk* e outras vantagens. Muitas vezes o próprio cliente não sabe o tamanho das suas próprias necessidades. Isso porque é você quem tem a expertise. Você é quem vai ser o determinante para definir o escopo.

Para propor esse tipo de sugestão, no entanto, é necessário ter um conhecimento sobre o orçamento do cliente, o nível de confiança que existe entre ele e o fornecedor, além de algumas variáveis, como o senso de urgência, os riscos inerentes e as prioridades do cliente para investir nesse projeto em detrimento de outros.

Então, é preciso pensar no nível de detalhe de que você precisa para colocar essa empresa no ambiente *on-line*. Às vezes você vende um pacote de produtos, mas os funcionários da empresa não têm familiaridade com tecnologia. Nessa hora, você precisa colocar em perspectiva: será que essas soluções são amigáveis aos usuários? Seria o caso de oferecer um treinamento? Disponibilizar um tutorial poderia ser interessante? Todos esses questionamentos devem ser feitos.

Em seguida, vem a questão do tempo. Qual é o meu prazo para implementar esse sistema? Quais são as variáveis que podem atrasar o processo? Mais importante ainda: que tipo de impacto esse atraso traria para os negócios do cliente? A aplicação correta vai depender muito da capacidade de percepção do impacto na gestão do tempo. Alguns chegam a cancelar projetos porque estabeleceram prazos irreais e impraticáveis.

Vamos levar em conta também o psicológico dos funcionários daquela empresa. Será que eles participaram do processo de decisão para implementar um novo sistema ou isso veio de cima para baixo? Pode haver resistência por parte deles? E quanto aos meus funcionários? Tenho técnicos com experiência de contato com o cliente que vão ser pacientes e atenciosos para ensinar os novos usuários a utilizar o sistema? Será que eles conseguem se comunicar de maneira simples, de modo que os leigos possam entender? De nada vai adiantar modernizar aquela empresa se, posteriormente, os funcionários não conseguirem utilizar o sistema.

E a burocracia por trás de tudo isso? Serão instalados diversos equipamentos novos. Que tipo de precaução deve ser adotado em relação à rede elétrica no local? O *firewall* da empresa será configurado para bloquear o uso de redes sociais ou os gestores contarão com o bom senso dos funcionários? Como será a política de segurança para proteger as informações da empresa? Esses são só alguns exemplos de preocupações que devem ser consideradas.

Com que recursos todo esse trabalho será feito? Seriam necessários diferentes fornecedores ou uma parceria com uma única empresa seria capaz de reduzir os custos? Será preciso contratar mais funcionários para atender a essa demanda? É imprescindível que haja um sistema de responsabilidade compartilhada e eficiente a fim de direcionar respostas a essas perguntas, ou seja, é preciso que a empresa formalize como os recursos serão aplicados.

Neste primeiro capítulo, os fundamentos que vamos debater levantarão uma série de questionamentos cujas respostas serão essenciais para as ferramentas de gestão que você conhecerá a partir de agora.

## 1.1. GRANULARIDADE

**O significado da palavra "granularidade" tem a ver com a extensão em que uma grande entidade é subdividida.** Não é difícil fazer associações com a origem dessa palavra: vem de grânulos, pequenos pedaços. No mundo dos negócios, porém, o conceito é um pouco mais complicado, pois se relaciona ao nível de detalhe em que determinada ação é aplicada. E é justamente nessa parte que muitas empresas e empresários erram ou têm dificuldade: na granularidade a ser adotada.

Granularidade se refere, então, à quantidade de detalhes, artefatos, informações necessárias para comunicar, explicar, expressar uma ideia, entender a causa de um problema ou executar uma tarefa ou projeto a ponto de satisfazer o lado receptor.

Mas o que determina o nível de granularidade com que se deve trabalhar? São muitos os fatores. Em primeiro lugar, entender o escopo do projeto. Vamos falar mais sobre o escopo no próximo tópico, porém ele conversa muito com o conceito de granularidade. O empresário precisa ter humildade e entender que não é possível abraçar o mundo de uma vez só.

Digamos que o projeto seja realizar um diagnóstico da empresa média para encontrar a causa-raiz que está impedindo o seu crescimento acelerado e sustentável. Você começa entrevistando os donos, que são o nível mínimo de granularidade, representando a escala estratégica da organização. Eles apresentam uma imagem positiva da empresa, na qual quase não há problemas; nesse plano talvez a consultoria não seja necessária. Depois você segue para entrevistar o nível tático, os diretores e, se aumenta o grau de granularidade, o próximo nível hierárquico, que são os gerentes. Nesse nível de granularidade os problemas começam a se apresentar: o departamento de marketing é completamente desestruturado e sem processos. Não há metas, e o setor carece de um responsável com potencial. O gestor de logística ignora os outros departamentos e se comunica apenas com o dono. A executiva de recursos humanos é ignorada pelos donos, apesar de sua maturidade e profundo conhecimento. O gestor de tecnologia não planeja, só "apaga incêndios". As áreas de vendas não têm um líder em comum e respondem separadamente para o presidente, que é um dos sócios. Aliás, são vinte pessoas respondendo diretamente para esse líder. Poderíamos descer mais um nível de granularidade para falar com os funcionários, por exemplo. Mas fica claro que basta a mudança de granularidade para que uma empresa quase sem problemas mostre sua real situação.

Em outras circunstâncias, podemos apresentar um plano com diferentes níveis de granularidade. No nível estratégico, por exemplo, podemos nos limitar à missão, visão, valores e metas de receita e lucratividade. Ao aumentarmos a granularidade para o nível tático, entretanto, precisamos de mais detalhes: temos de saber quantas pessoas devem ser contratadas, que o tipo de treinamento será necessário, pensaremos em alocar novos espaços para armazém etc. Aumentando a granularidade do plano, chegamos a atividades dicotômicas, como a publicação de material de marketing nas redes sociais, a entrega de mercadoria para o cliente.

### EXPLORANDO OS DETALHES PARA CONHECER O TODO

Também é comum que a granularidade seja definida pelo nível de capacitação da equipe. Funciona da seguinte maneira: quanto mais bem preparados os funcionários, menor o nível de detalhe que deverá ser empregado para se comunicar. Se eu tenho verdadeiros experts no assunto, posso aplicar pouca granularidade, mesmo assim eles vão compreender o que é necessário para executar o trabalho com sucesso. Esse é um cenário interessante para o empresário, que pode se dedicar mais à estratégia, enquanto seus profissionais, muito bem preparados, conseguem cuidar dos detalhes operacionais.

Nem sempre você dispõe de uma equipe assim, sobretudo em um país que padece de um problema crônico de qualificação da mão de obra. Então, você precisa trabalhar a fundo, explorando detalhes e tornando as auditorias mais firmes para assegurar a qualidade.

Para ilustrar de maneira simples, vamos supor que você tem um engenheiro de produção e um funcionário que trabalha em uma linha de montagem e pede para que cada um monte um carro. Com o nível adequado de instrução, ambos serão capazes de realizar a tarefa. Como o engenheiro passou por uma qualificação melhor, ele provavelmente saberá quais são os passos essenciais para montar aquele veículo. Talvez consiga até arquitetar um caminho para realizar a tarefa de maneira mais rápida. O outro funcionário, acostumado com procedimentos mais automatizados, provavelmente vai precisar de um passo a passo e de um período de adaptação, de tentativa e erro, até conseguir montar o carro sozinho.

Ambos são capazes, se aplicado o nível de granularidade correto. Agora, suponha que você passe horas demonstrando um passo a passo da montagem para o engenheiro. Isso significaria muita granularidade aplicada desnecessariamente, com desperdício de tempo e dinheiro. Perdeu-se, inclusive, a capacidade criativa desse profissional, o que impacta diretamente no nível de inovação da empresa. Pode ser que o engenheiro saiba fazer melhor ou de maneira mais eficiente do que o procedimento proposto. Por outro lado, imagine simplesmente entregar o projeto para o montador sem lhe fornecer as instruções necessárias. Você teria aplicado uma granularidade baixa demais e ele não seria capaz de cumprir a tarefa.

Pode parecer trivial, mas esse é um erro conceitual presente no cotidiano das empresas. Se parar para pensar, você vai se lembrar de alguma vez que solicitou a um funcionário alguma função que ele não executou, não porque não fosse capaz, mas porque, na pressa ou por falta de paciência, você não explicou direito, e isso acabou resultando em retrabalho. Ou, ainda, você provavelmente consegue se recordar de algum treinamento genérico que o departamento de RH te obrigou a assistir, sobre um assunto que você já está cansado de saber, te deixando com aquela sensação de perda de tempo.

A palavra "granularidade", então, vem do nível de detalhe que é necessário. Não confunda: uma coisa é granularidade; escopo é outra. Essa é uma relação que tem que ser trabalhada. Granularidade é o nível de detalhes referentes à análise, à pesquisa ou otimização de algum processo, comunicação entre pessoas, à documentação necessária etc.; escopo é algo a ser implementado (reforma, projeto, produto e/ou serviço).

É como se puséssemos os dois dentro de um gráfico em que a linha horizontal é o escopo e a vertical é a granularidade. Com base nisso, você tem as variáveis. Se o escopo do projeto vai aumentando e você precisa aumentar o nível de detalhe, vai perceber uma linha crescente — são mais recursos, fases e tempo aplicados.

O sonho de toda empresa é conseguir fazer grandes projetos com um nível de granularidade relativamente baixo. Isso significa que você tem uma grande capacidade de execução e uma equipe bem qualificada. Significa que a sua empresa está demandando menos recursos e trabalhando mais rápido.

Seria o cenário ideal, mas não quer dizer que você não pode trabalhar enquanto sua empresa não atingir essa realidade. O necessário é entender em que estágio você se encontra, questionando se os projetos da companhia possuem um escopo adequado e se a maneira como a comunicação é feita está de acordo com o nível de capacitação da equipe. Uma grande falha de muitas ferramentas de gestão é não levar em conta essa variável, de qual granularidade você precisa quando as tarefas são repassadas para os funcionários.

## COMECE DO INÍCIO

Para avançar um pouco na questão da granularidade, vou compartilhar um pouco da minha experiência como consultor em estratégia corporativa e inovação. Quando sou contratado, meu primeiro passo é solicitar os relatórios financeiros da organização: demonstração de resultados de exercício (DRE), balancetes, fluxo de caixa etc. Diante dessa papelada toda, minha primeira reação é sempre analisar a granularidade dos relatórios, o que vai me permitir perceber a quantas informações eu tenho acesso. É possível rastrear qual foi a linha que gerou mais gastos, quais são os investimentos, as receitas e assim por diante. O nível de granularidade tem de ser correto. Preciso de amplo acesso às informações para ter uma visão do todo e, a partir disso, traçar planos estratégicos.

Aqui deve ficar bem claro que, no começo, é necessário trabalhar com uma baixa granularidade para analisar, por exemplo, questões gerais como fluxo de caixa, de investimento, financeiro e operacional. Só depois se começa a ver algum sinal que se escolhe para expandir o nível de granularidade (o que se chama, em *Business Intelligence*, de *drilldown*). Por exemplo, seleciona-se a conta investimento para ver os elementos que a compõem.

Isso não significa que eu vou saber o preço da marca da caneta que é comprada para os funcionários usarem. Muitas vezes você não tem essa granularidade da informação. Então, a forma de gestão muda, você começa a ter que trabalhar em cima de tendências ou sob uma óptica mais macro, porque não consegue ir para a análise minuciosa, vendo gasto por gasto, cortando isso e mantendo aquilo.

A granularidade é, como você pode ver, um conceito abstrato, mas muito importante, porque estamos trabalhando com organizações de portes diferentes, com culturas distintas. Você, como líder, precisa desenvolver sua capacidade analítica para gerenciar os recursos que estão à sua disposição e encontrar a melhor maneira de trabalhá-los.

## 1.2. ESCOPO

Esta é uma discussão mais comum na gestão de projetos, e essencial ao pensarmos na definição das estratégias da empresa. Quando avaliamos as diferentes visões possíveis sobre o escopo — o que você implementou, o que a sua equipe entendeu e o que o seu cliente espera —, essa distorção nas compreensões pode acarretar um resultado catastrófico.

Por isso, talvez o escopo seja um dos aspectos mais complicados em estratégia corporativa. Essa decisão exerce enorme influência no futuro de um projeto, produto ou serviço. Ela delimita tudo o que será compreendido no campo de atuação e é uma escolha sensível, pois, na maioria das vezes, a estratégia visa o longo prazo, ao passo que o escopo é definido de acordo com as informações que você obtém em um curto espaço de tempo. É preciso encontrar um equilíbrio nesse cenário.

Veja a Amazon, por exemplo. Ela não disponibiliza no Brasil a mesma imensidão de facilidades que é oferecida no mercado americano. A operação brasileira começou restrita a livros, passando para o armazenamento em nuvem até, posteriormente, começarem a vender o Kindle, o famoso leitor de *e-books*. Essa decisão veio, com certeza, de um estudo do mercado brasileiro, que não se mostrou maduro o suficiente para que a Amazon ingressasse nele com um escopo muito grande.

Já o Walmart não teve a mesma visão. Quando chegou ao Brasil, vendia produtos completamente fora da realidade brasileira, como tacos de golfe, por exemplo. Foi necessário um certo tempo até que essa empresa pudesse adequar o escopo à realidade do varejo brasileiro. Acontece que, quando se tem uma operação do tamanho do Walmart, pode-se cometer alguns erros. Já para empresas menores não existe margem para esse tipo de equívoco.

**O escopo não pode ser genérico e aberto para a livre interpretação.** Vamos partir de um exemplo parecido com o da granularidade. Digamos que o escopo do seu projeto seja construir um carro. Já mencionamos aqui que o engenheiro vai saber exatamente quais são as peças necessárias para produzir esse veículo. Agora, digamos que o carro será usado para corridas. Isso não havia sido definido anteriormente, então o engenheiro não se preocupou com alguns aspectos, como velocidade máxima e aerodinâmica, porque isso não estava no escopo original. Pode parecer um exemplo simplista, mas erros desse nível acontecem muito nas empresas.

Agora imagine que você seja responsável pela área de TI e surge a necessidade de criar perfis de segurança para os usuários do sistema. Ou seja, você precisa determinar a quais informações os funcionários terão acesso de acordo com sua função na empresa. Não faz sentido, por exemplo, um *trainee* acessar a folha de pagamentos.

Os dirigentes chegam à conclusão de que o ideal seria os níveis de acesso serem definidos individualmente (alto grau de granularidade), para garantir que as informações certas estejam acessíveis somente aos colaboradores autorizados. Só que a empresa tem mais de três mil empregados e apresenta alta rotatividade, tanto de pessoas quanto de cargos.

Você, como responsável pela área de tecnologia, deve ter a sensibilidade de perceber que o escopo está amplo demais. A equipe de TI é muito enxuta e você não teria braços suficientes para definir tantos perfis de segurança e, ainda por cima, redefini-los toda vez que alguém fosse promovido ou contratado. Seriam gastos enormes tanto de tempo como de recursos humanos nesse processo, e isso poderia comprometer outras atividades importantes.

Então, o ideal seria propor um escopo menor, criando um perfil de segurança para cada departamento (média granularidade). Um escopo menor ainda consistiria em criar apenas dois tipos de perfis, um para gestores e outro para analistas (baixa granularidade). Isso resolveria o problema enquanto você viabiliza a criação dos perfis de segurança individuais mais adiante, quando a área de TI estiver mais bem estruturada, com menos demandas ou com mais pessoal.

Quando o responsável não tem essa sensibilidade, o projeto começa a desandar e o líder passa a perder força política na empresa, podendo ser até retirado do comando. Isso também pode acontecer quando o gestor não sabe comunicar o escopo à sua equipe. Um exemplo em nível global ocorreu entre o Governo dos Estados Unidos e a Força Aérea de Israel na década de 1980. Os americanos financiaram o desenvolvimento de uma aeronave chamada Lavi, que deveria ser utilizada como caça de segunda categoria para bombardeios. Já que a intenção era criar um avião de guerra simples, o custo não poderia ser alto e não havia necessidade de grande tecnologia, com objetivo de não concorrer com os caças americanos de primeira linha.

Só que esqueceram de colocar isso no escopo do trabalho dos engenheiros israelenses. Eles acabaram desenvolvendo uma aeronave muito melhor que o F-16 fabricado pelos norte-americanos. O resultado foi tão bom que havia a pretensão de vender para o mundo inteiro, o que compensaria o estrondoso investimento, que pesava no orçamento militar e na economia como um todo. Os americanos, então, não querendo perder mercado, lembraram aos políticos israelenses de onde vinham os recursos para o projeto e o enterraram para não correr o risco de um desentendimento com seu maior aliado.

Então, você pensa: poderiam ter visto isso e mudado a tempo. Geralmente, pelo menos na essência, o escopo não deveria mudar. Quando você percebe, já é tarde demais. Se o escopo muda ao longo do processo, talvez você esteja sendo liderado em vez de estar liderando.

Mas é claro que existem alguns motivos de força maior. Um exemplo bem ilustrativo é o primeiro filme do Homem-Aranha, lançado em 2001, mesmo ano do atentado terrorista ao World Trade Center. A cena em que o herói detém a queda de um helicóptero armando uma rede de teias entre as Torres Gêmeas teve de ser eliminada da edição final. Imagine quantos milhões de dólares não devem ter sido desperdiçados com a exclusão dessa cena. Mas seria um verdadeiro tiro no pé — uma insensibilidade — expor uma imagem como essa a um público com as feridas ainda abertas pela tragédia.

Tirando essas particularidades, mudar um escopo é uma decisão que deve valer muito a pena. Nós ainda vamos debater sobre a importância do fluxo de caixa, por exemplo. Essa é uma parte muito sensível, que pode acabar enterrando a empresa se não for bem controlada. Então, se eu tenho uma proposta que me obriga mudar completamente os rumos, mas que vai garantir minha operação pelos próximos meses, sou completamente a favor de mudar o escopo. Não tem saída: quanto pior o seu fluxo de caixa, menos dono do negócio você é.

Acontece que muitas empresas contradizem completamente seus valores, mudam toda a sua proposta por causa de alguma facilidade momentânea oferecida por um cliente para atender a uma necessidade específica. Elas se comprometem perigosamente, fugindo de sua própria estratégia. Isso é extremamente perigoso.

## 1.3. TEMPO

**Uma empresa que passa por um momento de crise, de estruturação ou reestruturação tem o tempo como maior inimigo.** Enquanto não forem adotadas as medidas necessárias para equilibrar a situação de lucro, existirá um componente chamado custo fixo. Ele é diretamente proporcional ao tempo necessário para se estruturar ou reestruturar. Quanto mais demorar, maior a despesa e, consequentemente, mais chances de fracassar.

Qual é, então, o melhor caminho para se (re)estruturar? Perceba que o questionamento que se deve ter em mente tem a ver com o melhor e não com o menor caminho, aquele mais curto. Quem mora em uma grande cidade, ou já dirigiu em uma, provavelmente já usou o Waze para se orientar no trânsito. O aplicativo usa exatamente a metodologia que vamos comentar aqui, o *Critical Path Method* (CPM), ou Método do Caminho Crítico. Perceba que, ao digitar o seu destino no Waze, ele não vai te guiar, necessariamente, pelo caminho com a menor quilometragem. Utilizando o conceito de *crowdsourcing*, a plataforma "se alimenta" das informações dos usuários para criar um mapa de velocidade, permitindo ao motorista evitar engarrafamentos e acidentes no trajeto.

Então, o Waze lhe permite percorrer o caminho mais rápido. No mundo dos negócios, a gestão precisa funcionar da mesma maneira: utilizando todas as informações disponíveis para criar um verdadeiro mapa de velocidade, prevendo e se desviando de possíveis gargalos e barreiras. O conceito de CPM foi desenvolvido nos estudos de Morgan Walker, que era dono da Dupon, e por James Kelley, da empresa de computadores Remington Rand. Mas essa técnica não tinha esse nome ainda quando foi usada durante o projeto Manhattan, que deu origem à bomba atômica.

Funciona da seguinte maneira: você faz um desenho imaginando uma hierarquia em que, para chegar a determinado objetivo, diferentes caminhos e formas são traçados. O *Critical Path* é o caminho mais eficiente para chegar a determinado objetivo. Para que ele funcione, é preciso abrir mão daquilo que em inglês chamamos *nice to have*, que é legal ter, mas que não vai fazer uma grande diferença, que é bonito mas leva tempo e desvia o foco do que realmente interessa.

Então, vamos pensar sob a seguinte lógica: suponhamos que você tenha um projeto para lançar um novo aplicativo. Há várias formas de fazer isso. Você pode contratar um excelente designer, que vai trazer uma interface bonita e intuitiva, terceirizar programadores na Índia para cortar custos, fazer parcerias com outras empresas para alavancar os clientes com ferramentas de marketing digital e muitas outras atividades.

Quando utilizamos o *Critical Path*, queremos chegar ao objetivo com o mínimo de recursos possível. Não estamos pensando necessariamente em custo, nem em uma base que vai proporcionar a melhor experiência para o usuário. Você contrata o designer que te pede um prazo menor, trabalha com programadores que podem lidar diretamente com você e coloca logo o produto no mercado.

Estamos pensando no tempo como o maior inimigo. No caso do contexto de guerra em que o projeto Manhattan se passou, por exemplo, o tempo era tudo. Se os Estados Unidos não tivessem achado a fórmula para a bomba atômica, talvez não tivessem saído do conflito como uma potência mundial e a história poderia ter sido escrita de forma completamente diferente da que conhecemos hoje.

O conceito de CPM é mais voltado para a engenharia, mas, se você pensa nele na área de gestão, é muito útil, dado o modo como o tempo do gestor é escasso. Esse profissional é constantemente bombardeado por problemas de todas as naturezas. Em consequência, a realidade o lidera, e não o contrário. A cada mês que passa, o custo fixo tem um efeito esmagador e seu prazo de vida vai diminuindo. É como se a empresa estivesse destinada a morrer e você precisasse mostrar uma estratégia para conseguir tirá-la dessa situação o mais rápido possível. Muitos empresários perdem o foco com questões que não são importantes. Para uma empresa em recuperação, o tempo é crucial. Escolher o caminho mais rápido muda tudo.

Isso acontece bastante em *startups*. Até serem capazes de validar as soluções propostas e de chegar a um produto mínimo viável (MVP) para o mercado, o administrador já foi detonado por um custo gigante com abertura de empresa, contratação de pessoal, patente etc.

A principal diferença do CPM na engenharia para a gestão é que, no primeiro caso, você tem a informação exata sobre a duração de um processo. Na gestão, são muitas as variáveis. O ponto-chave, então, é se questionar: "será que, se eu deixar de fazer isso ou aquilo, o sucesso do meu projeto ficará comprometido?". Se a resposta for não, significa que é algo supérfluo, que tem que ser retirado, pelo menos nesse momento.

Um exemplo muito interessante foi o lançamento do primeiro iPhone, em janeiro de 2007. Foi, sem dúvida, um marco revolucionário para a história da tecnologia. Mas muitos não se lembram de que, no começo, era um aparelho com conectividade GPRS ou, como conhecemos, 2G. Naquela época, concorrentes como a Nokia já ofereciam uma conectividade mais rápida por meio do 3G. Mesmo assim, o iPhone foi um sucesso e mudou para sempre o conceito de celular inteligente.

Foi uma decisão muito consciente e bem pensada de que eles deveriam conquistar logo o mercado, mesmo ainda com a conexão 2G. As mentes que estavam por trás disso perceberam que trariam logo um grande impacto e conseguiriam a receita necessária para bancar a concepção do próximo modelo, que se conectaria pelo 3G. Então, foi brilhante e corajoso pensar na conectividade como algo que não era crítico, que poderia ser retirado no início. Os idealizadores combinaram a conquista de um rápido retorno financeiro do projeto com um *timing* de mercado perfeito.

## 1.4. PSICOLÓGICO E HABILIDADES

Marcaram uma reunião de última hora com o conselho da empresa. Metade das filiais não mandou as informações necessárias para você preparar o relatório. É o terceiro ano em que a empresa fecha no vermelho. Você chegou há pouco tempo com a missão de reverter a situação. Três outras pessoas tentaram antes de você e fracassaram. O conselho quer fechar duas fábricas, uma decisão da qual você discorda. Você tem apenas dez minutos para fazê-los mudar de ideia.

**Se existe algo difícil de lidar em estratégia corporativa é o estado psicológico dos diretores.** Imagine o estresse de empresários à frente de uma organização em crise. Eles estão em pânico e instáveis emocionalmente. Faz dias que não dormem. Sua posição social está ameaçada. São alvo de dezenas de processos trabalhistas e de execução fiscal. Os amigos os estão isolando. O casamento está em crise. Uma série de problemas desestabiliza os sócios que enfrentam um momento de crise.

Uma vez, atuei como consultor em uma empresa que precisava negociar condições para o pagamento de uma dívida milionária. O gestor simplesmente não compareceu ao encontro. Deixei dezenas de mensagens, liguei e não o encontrava em lugar nenhum. Resolvi ir até o escritório dele, que ficava no último andar do prédio, e o encontrei desmaiado no sofá, com uma garrafa de vinho vazia jogada no chão. Esse tipo de *nervous breakdown* é um episódio isolado no mundo corporativo? Pode ter certeza que não.

O misto de medo e incerteza contamina o ambiente da corporação. O dono já não consegue mais olhar nos olhos dos funcionários. A sala de reunião do conselho administrativo parece uma panela de pressão, prestes a explodir a qualquer momento. Os funcionários trabalham cabisbaixos em seus cubículos e transmitem na voz rouca o pavor de perderem seus empregos. Às vezes é possível perceber que uma empresa está em crise só de entrar nela. O clima, o ambiente, tudo ali exala desespero.

Uma organização na qual estou começando uma consultoria tem uma maneira muito interessante de lidar com essa pressão. Eles guardam dinheiro para tentar novos mercados. Chegam a fazer três ou quatro tentativas de projetos novos e inovadores por ano, e muitos deles fracassam. Na realidade, digamos que os quatro projetos que eles tentaram desenvolver no ano passado fracassaram. E eles me dizem: "Não ficamos bravos ou nervosos quando um projeto ou outro não funciona porque entendemos que o nosso mercado não vai durar para sempre. Temos que persistir, continuar tentando até acertar e conquistar um novo nicho. Temos a consciência de que, se ficarmos parados, vamos enfrentar problemas." É raro alguém encarar as coisas dessa maneira. É um *state of mind* diferente do que estamos acostumados.

Outra história interessante é a de um cliente que atendi há algum tempo. Eu o ajudei a elevar o faturamento de 10 para 20 milhões de reais ao mês. Então, nós nos reunimos e eu disse: "Se nós continuarmos a trabalhar dessa maneira, eu consigo te levar a faturar de 250 a 500 milhões ao ano." E ele respondeu: "Não, eu não quero. Eu confio em você absolutamente. Mas eu não quero mais trabalhar dessa maneira. Você me fez atingir o meu objetivo pessoal. O que eu quero agora é poder administrar a minha empresa do controle remoto. Eu quero é viajar, curtir minha casa e meu barco..." É outra maneira de pensar. Tudo o que ele queria era sair do estresse, da era de incerteza. Ele queria profissionalizar e automatizar sua companhia para passar a fazer a gestão a distância.

Mas são alguns exemplos à parte. A atitude do líder à frente de uma reestruturação geralmente é *naive,* ou ingênua. É algo novo, é muita pressão e expectativa. Ele está apreensivo e tem que correr atrás do tempo. A falta de recursos o leva a fazer muitas coisas por conta própria. Então, esse profissional precisa escolher muito bem como investir seu tempo, e há pouco espaço para erro. O gestor é uma pilha de nervos.

Se esse é o lado do dono, imaginem a situação dos funcionários. O empregado de uma empresa que está sendo reestruturada não sabe nem se ele vai estar lá dali a uma semana. Está apavorado. Ele se pergunta se vão atrasar o seu salário. Fica na dúvida se vai conseguir pagar o aluguel ou as prestações do carro. O gestor precisa, em meio a toda essa incerteza, fazer esse funcionário trabalhar e ser produtivo, mesmo quando tudo conspira contra.

Acrescente isso à realidade brasileira dos grande centros, em que os funcionários passam horas em deslocamento para ir e voltar do trabalho, com medo da violência, tristes porque passam pouco tempo com a família e têm pouco equilíbrio entre as vidas pessoal e profissional.

Para complementar, a empresa começa um processo de reestruturação e tenta mudar a maneira como esse funcionário trabalha. Procedimentos são acrescentados, outros são retirados, tirando-o da zona de conforto. O colaborador se sente extremamente incomodado. Fica com a sensação de que estão duvidando do que ele faz. O ser humano não recebe mudanças com muita facilidade, pois enxerga isso como ameaça. Nas empresas em que fui executivo e prestei consultoria, percebo muitos processos executados de maneira incorreta ou pouco eficaz. Isso sempre acontece e pode ser identificado rapidamente. O funcionário se desestabiliza ao ser convidado a se rever a se reciclar. Às vezes, ele não aceita e pede demissão.

Já atuei em uma empresa de engenharia em que o motorista de um caminhão que carregava equipamentos da ordem de um milhão de reais não dormia havia uma semana. O bairro em que ele morava estava passando por uma onda de violência e confrontos com a polícia, e ele não conseguia pegar no sono com medo dos tiroteios. Agora, imagine uma gestão que não se coloca no lugar daquele funcionário, que não procura uma solução para esse tipo de problema. É até possível argumentar que, caso algum acidente aconteça, a culpa pode ser colocada no funcionário, mas a responsabilidade e as possíveis consequências estão nas mãos do gestor.

Portanto, acima das técnicas, da metodologia, é preciso entender o lado humano, ter empatia e se colocar no lugar das pessoas. Muitas vezes, em um processo de reestruturação, você demite dezenas ou centenas de pessoas que não conseguem se adaptar à realidade daquela empresa. Você está destruindo a vida de dezenas de pessoas, de famílias inteiras, porque precisa consertar aquela máquina que está defeituosa — a sua companhia. Isso exige um grande senso de sensibilidade e responsabilidade. Muitos líderes fracassam porque percebem que podem estar destruindo a vida de um grande números pessoas, ou porque não querem demitir funcionários com quem convivem há dez, vinte anos e com quem construíram laços. Esses gestores preferem, portanto, não encarar isso. Eles tentam achar outra alternativa que talvez nem exista.

### Não existe receita pronta

É comum os gestores que passam por um momento delicado como esse apelarem para modelos de gestão baseados na economia tradicional, naquela em que se busca o matematicamente mais vantajoso. É tudo muito focado na fórmula do sucesso. Quem nunca se pegou clicando em uma daquelas listas na internet: "os dez passos para sua empresa conquistar um faturamento milionário", "cinco dicas para fazer sua empresa crescer em tempos de crise". É tudo superdidático e dinâmico, mas totalmente racional, como se fôssemos capazes de trabalhar como máquinas. Atenção: não somos!

Foi questionando tudo isso que surgiram os estudos em economia comportamental, que é um encontro entre a economia e a psicologia. Ela começou nos anos 1970 com o vencedor do Prêmio Nobel de Economia Daniel Kahneman e o parceiro dele, Amos Tversky. Esses estudiosos conseguiram comprovar a dificuldade do homem de tomar certos tipos de decisão, exatamente por sua condição humana. É isso que o faz tão especial. A maioria dos livros de negócios que vemos atualmente desconsidera tudo o que foi descoberto nas últimas décadas. Alguns textos de marketing até conseguem absorver um pouco dessa lógica, por serem muito focados no comportamento do consumidor, mas, se a empresa em questão negocia com outra empresa — um modelo B2B —, há uma série de dificuldades, pois todas as variáveis psicológicas estão escondidas atrás de uma pessoa jurídica.

Outra coisa que incomoda é o fato de se falar demais no sucesso, mas parece que ninguém está a fim de debater sobre o fracasso. Dei o exemplo de um cliente que lida de maneira muito particular com isso, mas geralmente não é assim que funciona. Na verdade, ninguém para e pensa no quanto o sucesso é derivado do fracasso. De fato, o que existe não é o sucesso, mas sim um processo de tentativa e erro até encontrar o modelo que dá certo. As pessoas que enfrentam o fracasso permanente são aquelas que desistem de continuar tentando. Ou pior: são aquelas que confundem persistência com insistência; elas não reconhecem os motivos do fracasso, não tentam aprender um caminho melhor.

Eu mesmo falei, logo no começo, de um fracasso que me motivou a escrever este livro: o de, no começo da minha carreira, não ter me preocupado com o processo sucessório nas empresas. Mas isso não me fez questionar meu trabalho. Muito pelo contrário, transformei essa fraqueza em combustível para novas investidas. Cheguei a trabalhar com uma colega que, após perder três concorrências, vendeu seu *share* na empresa por acreditar que nunca conseguiríamos clientes. O que são três concorrências? A empresa ainda iria perder muitas, mas também ganhou tantas outras...

Muitas empresas são projetos de vida de empreendedores. Quando uma companhia sucumbe à crise, para aquele gestor é como se, literalmente, tivessem tirando um pedaço da sua vida. É ver anos de esforço, de dificuldade, indo ralo abaixo. E isso não pode acontecer porque todos os mecanismos aos quais ele recorreu eram incompletos, porque eram absolutamente matemáticos. E pior: porque não levaram em conta nessa equação o seu próprio estado psicológico e o de todos os colaboradores. As ferramentas de gestão não podem ser frias e estrategistas.

O psicológico é um conceito essencial. Vamos precisar muito dele ao aplicarmos as ferramentas, ao nos relacionarmos com os investidores, ao reestruturarmos os departamentos e, sobretudo, ao implantarmos uma estratégia. É preciso que você faça esse tipo de conscientização na sua maneira de gerenciar. Uma organização que procura o sucesso tem que errar, aprender e melhorar. Tem que percorrer um ciclo natural de tentativa e aprendizado. E isso deve estar muito claro e interiorizado pela equipe também, o que exige uma maturidade psicológica que deve ser praticada.

## 1.5. EQUIPE

Este debate está muito conectado à parte do psicológico, que acabamos de ver, e à parte de recursos humanos, que discutiremos mais adiante. A qualidade e a coesão da equipe podem ser essenciais para definir o poder de resiliência de uma organização, determinando até onde sua empresa consegue chegar.

Em minha experiência, consegui desmistificar a chamada "superequipe". Ela não existe. Por mais qualificados que sejam os colaboradores, se a estratégia não for condizente com a realidade do mercado, não haverá funcionários extraordinários que sustentem a situação por muito tempo.

Curiosamente, também já vi a situação oposta: empresas que obtinham muito lucro e sucesso por serem influenciadas por outros fatores, apesar das pessoas medíocres que compunham a equipe. Às vezes, o produto era bom, a demanda era grande ou a reputação da companhia era muito boa. Então, os negócios ficam blindados contra esse tipo de colaborador.

Isso só acontece em tempos de vacas gordas. Via de regra, uma empresa em período de crise precisa contar com gente bem qualificada para compensar. Precisa ter um time que combina especialistas — que conhecem a melhor forma de impulsionar as vendas, pagar o mínimo de impostos, cortar gastos — com um bom time operacional, que consegue entregar ao cliente de forma satisfatória.

**Certas empresas gastam verdadeiras fortunas em marketing, outras montam estratégias revolucionárias, um *Blue Ocean* ou um *Design Thinking* — tudo em vão —, porque não têm as pessoas certas para conduzir os processos do campo das ideias para a realidade de forma bem-sucedida.** Então, é preciso tomar uma decisão: ou você revê as estratégias, ou repensa sua equipe, ou ainda, arrisca treiná-la.

A discussão do diagnóstico, por exemplo, é um momento sensível para o empresário. Fazer uma reflexão imparcial sobre a própria equipe, passando por cima de prepotência de alguns e sem medo de ferir o ego de outros, não é uma tarefa fácil, mas é necessária. Muitos até tentam passar um longo tempo se sustentando sobre talentos individuais, mas é necessário reconhecer que só se aplica uma estratégia vencedora em uma empresa que trabalha em equipe.

Vamos lembrar que essa discussão tem muito a ver com recursos: equipe é recurso. São recursos humanos. Sua capacidade de achar bons recursos, de atraí-los, retê-los, criar e sustentar a cultura de trabalho em equipe é essencial para o sucesso do negócio. Parecem sempre coisas óbvias, mas uma série de técnicas de gestão deixa de funcionar porque elas supõem que você terá essa capacidade. Às vezes, sua empresa tem a ideia de criar um produto revolucionário, mas, se não há uma equipe preparada para levar essa ideia adiante, não adianta.

Já que estamos falamos de equipe, vamos entender a essência do problema, partindo do início. Imagine que a empresa está começando e você faz tudo sozinho. Conforme ela vai crescendo, o número de funcionários aumenta e você começa a aprender algo importante: delegar. Sem sombra de dúvida, esse é um aprendizado difícil, porque envolve confiança. Nós somos, por natureza, muito desconfiados, e a ideia de confiar em alguém que não se conhece não parece agradável. Além disso, muitas vezes você não consegue encontrar necessariamente as melhores pessoas. Por mais bem qualificadas que elas pareçam ser, você simplesmente não acredita que consigam executar determinadas tarefas na sua empresa melhor do que você mesmo faria, ainda que seja essencial que você comece a largar o operacional e passe a pensar no conjunto. Isso sem falar na dificuldade de encontrar pessoas leais, com sede de crescimento e humildes.

Veja a complexidade que é o tema "equipe". O que vemos muito é os empresários, de maneira geral, não saberem delegar. Basta analisar a hierarquia abaixo do líder para compreender qual é o poder dos gerentes. Eles não têm poder para contratar, demitir, bonificar, nada. Então, não fazem a gestão, não motivam; falta a eles exercer a confiança e saber de verdade o que é preciso para administrar pessoas. Esses profissionais apenas treinam as pessoas. Funcionam como marionetes da diretoria. Mas quais são as funções de liderança que exercem? Nenhuma. Quando você olha para uma companhia, os gestores têm pouco ou nenhum poder sobre seus liderados.

Então, precisamos saber muito bem dividir as funções em três grupos e, por mais difícil que seja, o empresário deve aprender a respeitar essa divisão. A primeira função é a estratégica — o barco que leva às direções; depois vem a tática — o que os gestores deveriam fazer, tomar as atitudes e resolver os problemas do dia a dia para não deixar o barco sair do rumo; por fim, a operacional, com atribuições específicas — eles não entendem exatamente como influenciam o barco em sua velocidade ou curso, mas são fundamentais.

## 1.6. BUROCRACIA

A primeira consideração a ser feita neste ponto é que **a atitude de uma empresa em relação à burocracia pode ser determinante para o sucesso ou fracasso**. Mas aqui estamos falando da burocracia em seu conceito, como um conjunto de processos, e não de um entendimento popular que a associa à ineficiência — principalmente no Brasil, por conta do setor público.

Em essência, se vista da maneira correta pelo conselho administrativo de uma organização, a burocracia pode ser uma importante ferramenta para dar mais transparência aos processos e melhorar o relacionamento com os investidores. Se eu estabeleço métodos burocráticos que vão resultar em relatórios detalhados, que vão me permitir conquistar mais confiança e poder de barganha junto aos meus *stakeholders,* então, minha percepção acerca da burocracia está correta.

Existem pessoas, porém, que fazem justamente o contrário. Já atuei como consultor de uma empresa com um grande potencial que desistiu de um IPO, ou seja, abriu mão de abrir o capital na bolsa de valores, com medo de toda a papelada que seria necessária e de todo o processo de transparência sobre a situação da companhia que isso demandaria. Os gestores não estavam dispostos a enfrentar tudo isso.

É preciso destacar, especificamente no contexto brasileiro, algo muito importante. Você pode fazer tudo certo: ter um excelente produto, um departamento de vendas fantástico, demanda constante, logística inovadora, enfim, tudo pode estar a seu favor, e mesmo assim a burocracia pode derrubar o seu negócio. Ela pode ser a razão pela qual você não consegue reestruturar ou fazer sua empresa deslanchar. Isso porque a lógica burocrática no Brasil é completamente imprevisível. Não há nenhuma garantia de que os projetos vão funcionar dentro do prazo, ou com a produtividade esperada, quando um ou mais fatores determinantes envolvem a ação de alguma autarquia ou agência gerida pelo Estado.

Lei de Armazéns Gerais, licenças ambientais para construções, Lei 8.666 — que estabelece normas gerais das licitações —, alvarás de funcionamento, permissões de agências reguladoras (Anvisa, Anatel, ANEEL, ANAC, ANTT). Se sua operação depende da boa vontade de algum desses órgãos, ou da agilidade de algum desses processos, você tem uma caixinha de surpresas nas mãos. Nunca se sabe quando e o que será decidido. Não há planejamento que aguente essa morosidade do sistema: como já discutimos, enquanto você demanda certificações desses agentes governamentais, é massacrado pelo custo fixo.

Esse tipo de problema é tão imprevisível que o empresário nem consegue aproveitar o hiato para a captação de investimentos. Ele não pode dar garantia nenhuma de que estará em pleno funcionamento dentro de um prazo determinado; por esse motivo, não consegue convencer os investidores a capitalizar sua empresa. Enquanto isso, o fluxo de caixa vai caminhando para o negativo. Muitos acabam deslocando recursos de outros projetos que estão dando lucro para cobrir esse rombo.

Por que é tão impossível prever como o Governo vai agir? A resposta envolve ineficiência, política e corrupção. As demandas são maiores do que a capacidade das agências, seja por falta de pessoal ou por causa de equipes pouco produtivas. Também pode haver interesses políticos e a interferência de agentes corruptos que fazem uso de poder e influência para "cortar caminho", enquanto seu processo fica engavetado, aguardando por meses, ou até anos, uma resposta.

Se a sua companhia vende produtos hospitalares, por exemplo, precisa contar com uma autorização da Agência Nacional de Vigilância Sanitária, a Anvisa. Não há certeza de que seu projeto será aprovado. Eles podem solicitar alterações que tornarão sua operação inviável ou demorarão tanto tempo que o projeto estará fadado ao fracasso quando finalmente estiver pronto para começar. Nesse meio-tempo, a empresa continua a arcar com aluguel, salários e impostos. O Estado, nesse caso, não pensa no empreendedor como uma fonte de renda e empregos. Ele apenas perpetua uma situação arraigada em uma cultura de ineficiência, corrupção e poder

Os atrasos podem ocorrer no registro das patentes, por exemplo. A tentativa de proteção da propriedade intelectual pode se estender em longos processos que, quando finalmente se decidem, já nem têm mais relevância, porque outras soluções substitutas já tomaram todo o seu *marketshare*.

A relação entre o público e o privado é precária e conturbada no Brasil. Você investe em estrutura e equipe para participar de uma concorrência, atendendo aos requisitos do edital. Então, o Ministério Público impugna a licitação porque encontrou furos nas regras estabelecidas para o processo de compras. Espera-se alguns meses e o edital é publicado novamente. A licitação finalmente acontece, mas o licitante a cancela porque a empresa do sobrinho do presidente da companhia não saiu vencedora. Você recorre à Justiça e consegue uma decisão favorável, mas o Tribunal de Contas embarga a contratação porque o processo está cheio de erros. Isso vai se estendendo por um ciclo vicioso. Durante todo esse tempo, o seu custo para manter a empresa corre, se multiplica, e as receitas entram para compensar todo o seu investimento. Essa realidade é comum em todo o Brasil e é responsável por enterrar uma grande parcela do empreendedorismo no país.

É preciso encontrar uma solução para isso. Em primeiro lugar, a burocracia tem que ser vista como um conceito a ser tratado diretamente pelos executivos. Medidas preventivas devem ser previstas para proteger a empresa de seus efeitos desde o momento da formulação da estratégia.

Existe um conceito no mercado financeiro (quem investe em ações na bolsa de valores já está familiarizado) que se chama *stop limit*. É um entendimento sobre o máximo que suas ações podem cair até que você finalmente abra mão dessas ações. Quando a queda no preço chegar a x por cento, é preciso reconhecer o prejuízo e sair, porque isso vai limitar eventuais perdas maiores. Com a burocracia funciona do mesmo jeito. Não se pode entrar em um projeto burocrático no Brasil sem antes definir uma data em que se corta na carne e se admite estar fora.

Para complementar, é preciso ter uma *exit strategy*, uma estratégia de saída. Desde o início você tem que ter previsto em seu projeto quanto custaria abandoná-lo, o chamado custo de arrependimento (multas contratuais, rescisão de empregados, entre outros).

Há ainda a questão tributária, que também causa confusão nos empresários brasileiros. Se você tiver uma dúvida sobre o recolhimento de impostos e consultar três tributaristas distintos, é possível que obtenha três respostas diferentes. Isso porque, no Brasil, mais importante do que a lei é a interpretação sobre ela. Pode ser que exista uma maneira de conseguir atalhos para certos procedimentos burocráticos de maneira totalmente legal e muitas empresas não façam uso desse recurso por desconhecimento ou, novamente, por medo da burocracia. Nesse sentido, desenvolvemos uma metodologia chamada PMTR (*Pay Minimum Tax as Required* — Pague o Mínimo dos Tributos Requeridos), para ajudar empresários a entender quanto poderiam pagar a menos de tributos, de forma completamente lícita. Você pode saber mais sobre a técnica em www.scaigroup.com.

## 1.7. RECURSOS

Certa vez, acompanhei um empresário em uma reunião com um grupo de *private equity* para auxiliá-lo a atrair investidores. Ele foi sabatinado com perguntas sobre o faturamento e funcionamento da empresa, às quais respondeu com muita propriedade. Quando o questionaram sobre quem tomava as decisões estratégicas na companhia, entretanto, ele bateu no peito e disse, com orgulho: "Quem manda na minha empresa sou eu." Os "tubarões" da banca, com doses generosas de ironia, o parabenizaram pela onipotência e o dispensaram. Alegaram que jamais investiriam em uma organização de um homem só.

Foi o tempo em que um empreendedor montava o próprio negócio e era dono absoluto dele. Quem conhece a história de Steve Jobs sabe que até mesmo o magnata da maçã já cometeu esse erro e, como consequência, chegou a ser demitido da própria empresa que fundou.

É essencial que as decisões estratégicas de uma empresa, sobretudo sobre a aplicação e gerenciamento dos recursos, sejam tomadas por um conselho, por um grupo de pessoas que vão indicar os caminhos da gestão. Esse conselho, comitê, diretoria, não importa como você queira chamar, precisa se reunir periodicamente e debater os rumos e problemas da companhia.

Muitas pessoas pensam que isso significa estar sendo burocrático, impondo entraves para as decisões importantes ou blindando as empresas contra mudanças. Outros reclamam que é difícil encontrar uma agenda comum entre todos, e quando finalmente se reúnem, é para marcar outra reunião. Não precisa ser dessa maneira.

Os encontros podem ser quinzenais, mensais, trimestrais. Vai depender da empresa. É possível usar a tecnologia a seu favor. Recorrer a videoconferências e até ao WhatsApp. Qual negócio hoje em dia não possui um grupo para os dirigentes trocarem mensagens?

Descentralizar as decisões é importante para diminuir as chances de erro e dar oportunidade para que as ideias sejam mais bem debatidas e já estejam mais amadurecidas nas cabeças dos líderes quando as decisões são finalmente tomadas. Ao longo dos últimos vinte anos, observei dezenas de empresas, com milhões em recursos, fecharem as portas porque acumulam uma série de decisões precipitadas.

Outro ponto sensível é o fato de não ser possível uma única pessoa combinar os talentos necessários para entender a óptica dos diferentes setores de uma empresa. Não vejo como um indivíduo poderia ser capaz de tomar boas decisões pelo financeiro e pelo marketing ao mesmo tempo. O gestor da área financeira é aquela pessoa equilibrada, pragmática, que pensa em números, em estar com as contas em dia e em equilíbrio. O profissional do marketing é expansivo, focado no *networking* e na oportunidade. Ele dá descontos, leva o cliente para jantar e gasta milhões com publicidade. São duas ópticas completamente diferentes. As decisões estratégicas da empresa não podem ser tomadas por apenas uma dessas pessoas.

**Quanto mais heterogêneo o grupo, melhor.** O ideal é contar com um economista, um advogado, um engenheiro, um profissional de tecnologia, um relações-públicas, um administrador, cada um contribuindo com a sua visão sobre o negócio para encontrar um denominador na aplicação da estratégia. Com certeza haverá choques, conflitos, discussões, e isso é saudável para a empresa. O peso de uma decisão não pode cair sobre os ombros de uma só pessoa, e essa é a melhor maneira de entender e trabalhar com os recursos de uma organização. A ideia de um conselho externo, com diversidade e pessoas que não fazem parte do dia a dia do negócio, reduz o risco de influência por fatores psicológicos, como raiva, inveja, ciúme, prepotência etc. A visão externa da empresa é neutra e pode se concentrar no que realmente importa para as tomadas de decisão. Para grandes companhias, é possível criar comitês, além do conselho, como forma de trazer pessoas seniores para tomar decisões importantes. Por exemplo, criar um comitê de relacionamento com o cliente, com a participação de grandes nomes externos da empresa e representantes dos principais departamentos que têm interações com essa área.

Se você ainda não se convenceu dessa abordagem, vamos voltar à época do Plano Collor no Brasil. Com exceção das grandes corporações multinacionais, que contaram com injeção de capital estrangeiro para se manterem de pé, as empresas se dividiam em basicamente dois grupos: o das que sonegavam e faziam remessas ilegais de dinheiro para paraísos fiscais e o das honestas, que tiveram seus recursos congelados e ruíram. O que ficou culturalmente marcado no empresariado brasileiro foi o imaginário de que fazer o certo era o caminho para o fracasso. É um reforço daquela velha ideia de que o mais esperto sempre vence. Se as decisões de uma empresa estão nas mãos de um só dono, ele pode ser mais facilmente corrompido.

A economia é cíclica. Sob uma perspectiva histórica, chega a ser bíblico: sete anos de bonança, outros sete de privação. A empresa vulnerável à cabeça quente do dono que optou pelo caminho mais fácil em tempos turbulentos pode não existir mais. Enquanto isso, aquela que tinha um posicionamento equilibrado e debatido dentro de um conselho tomou as devidas precauções, sobreviveu e agora consegue aproveitar a boa fase da economia.

# *2*

# FERRAMENTAS

Existem diversos modelos de gestão que são ou já foram tendências no mundo corporativo. *Blue Ocean, Business Model Generation, Design Thinking, Six Sigma, Edge Strategy, TQM, Teoria Y, Lean, Business Process Reengineering, Component Business Model.* Todas essas práticas são parte do crescente número de metodologias que prometem ser, muitas vezes, superiores às antecessoras. Há uma vasta literatura sobre esses modelos, em sua maior parte descritiva e prescritiva, estabelecendo fórmulas para o sucesso no mundo empresarial.

Muitas vezes sou bombardeado com perguntas ardilosas: qual é o modelo mais eficiente? Qual desses sistemas se adaptaria melhor à minha empresa? Qual framework traria uma vantagem competitiva diante dos meus concorrentes? Ou, ainda, qual seria o mecanismo mais fácil e barato de implementar?

Por se tratar de modelos abstratos implementados em empresas de diferentes portes e pertencentes a setores econômicos distintos, a comparação se torna muitas vezes difícil e até incoerente. Vale lembrar ainda que são empresas de países, culturas, contextos macroeconômicos e objetivos empresariais diversos, o que impossibilita um contraponto justo entre essas técnicas.

Quando uma dessas ferramentas não funciona, precisamos nos lembrar de adotar uma postura muito crítica, pois outros fatores podem ter sido determinantes para esse insucesso: má implementação do gestor, variação cambial, mudanças na regulação aduaneira, competição desleal ou entrada de algum negócio disruptivo no mercado. É como na culinária: a receita em si não garante o sucesso do prato. Se o cozinheiro não for qualificado, se não tiver os equipamentos necessários à disposição e se os ingredientes não forem de boa qualidade, a comida não vai ficar boa.

Já comentei aqui que sou um grande crítico das "receitas de sucesso", da utilização de modelos preestabelecidos para implementar processos de estruturação ou reestruturação. Pergunto: será que o modelo aplicado em uma grande empresa consolidada poderia ser usado em uma *startup*, por exemplo? O *Six Sigma*, por exemplo, implementado por gigantes multinacionais americanas, teria a mesma efetividade para um empresa de médio porte em um país como o Brasil, assolado por uma insanidade de burocracias, tributos e deficiências estruturais e tecnológicas?

Por outro lado, a companhia em processo de recuperação, estruturação ou reestruturação está à procura da profissionalização, de um modelo de gestão validado que possa conferir maior credibilidade ao negócio. Ficou bem claro para o empresário que gerenciar com base no *feeling* e em nada mais já não se sustenta. O que eu defendo é aumentar a granularidade de análise em cada um desses modelos e selecionar aquilo que eles têm de melhor. Essa estratégia consiste em agregar as características atemporais, anacrônicas, que funcionam independentemente do contexto e, a partir disso — das qualidades de cada técnica —, criar o seu próprio modelo de gestão, aquele que é ideal para a sua empresa.

Para realizar essa difícil tarefa, além dos conceitos mais elementares que acabamos de discutir no capítulo anterior, algumas ferramentas serão necessárias. E é justamente sobre isso o nosso próximo tópico. Vamos desenhar uma trajetória para a utilização dos instrumentos corretos na aplicação de um sistema de gestão eficaz e personalizado, agregando as principais virtudes dos modelos de gestão já existentes.

Em primeiro lugar vem o *diagnóstico*. Vamos ser bem honestos: uma empresa sempre vai enfrentar, ao longo do percurso, muitos problemas e desafios. O diagnóstico surge da capacidade do empresário de entender a causa, a raiz do problema. Muitas vezes um líder tem uma interpretação equivocada sobre o verdadeiro gargalo dentro da organização. Ou pior: ele consegue detectar os sintomas, mas é incapaz de chegar até a gênese do problema. Por isso, vamos discutir como analisar de maneira transversal, exploratória e crítica os problemas da empresa, de modo que a verdadeira origem das ineficiências seja detectada e, a partir disso, se possam criar planos de ação eficiente sobre elas.

Em seguida, vamos debater *Missão, Visão e Valores (MVV)*. Muitas empresas subestimam a importância dessa ferramenta e até experimentam certo sucesso por algum tempo sem ela. Mas, quando há uma mudança de mercado, a falta do MVV vai resultar em problemas bem sérios, pois essa é uma ferramenta muito básica. Quanto maior o porte da organização, mais latente será a falta do MVV, e isso poderá ser percebido nos diversos ruídos na comunicação dentro e fora da empresa. Investidores e funcionários não falam a mesma língua, têm uma compreensão distinta sobre a mensagem, perdem a motivação e criam um ambiente de desconfiança. Isso acontece porque, quando uma organização é vaga, escorregadia, deixa de ser clara em suas intenções, em seus objetivos. Então, ela jamais poderá esperar que seus colaboradores coloquem a mão no fogo por ela. A empresa deve deixar muito claro como quer ser vista, aonde quer chegar, e no que acredita. Dessa forma, os investidores continuarão a acreditar em seus propósitos e os colaboradores passarão, cada vez mais, a lutar pela companhia, não importam as dificuldades. O MVV é uma ferramenta eficaz e transversal para isso.

Quando falamos em transversalidade dentro da empresa, queremos dizer que ela vai passar a influenciar todos os setores. É nesse momento que entra a *comunicação* como ferramenta essencial. Se o MVV muitas vezes parece ser algo que, apesar de formalizado, está no campo da subjetividade, a maneira como a comunicação se desenrola é a tradução prática de tudo aquilo que a empresa acredita. E a palavra de ordem, nesse quesito, é a transparência — das dificuldade encontradas no diagnóstico e do planejamento para superá-las.

Depois que a empresa mapeou os problemas após um diagnóstico eficiente, é preciso que ela comece a traçar um plano de ação. E isso só vai funcionar mediante a aplicação eficaz de um quadrilátero formado por planejamento, execução, monitoramento e ajustes. Planejar-se é saber estabelecer prioridades, trabalhar com a granularidade correta e determinar o escopo apropriado. O planejamento é, acima de tudo, a melhor utilização do diagnóstico feito, agindo prioritariamente sobre a raiz do problema, deixando tudo aquilo que é supérfluo, que não é essencial, para um segundo momento.

*Executar* é quebrar os objetivos em uma granularidade para que o seu planejamento se concretize em atividades completas, com começo, meio e fim, e constantes — ao final de cada dia, o gestor e os colaboradores têm a certeza de que estão construindo algo que faz sentido para a empresa. Uma boa execução jamais permite fugir do foco, não se deixa iludir por propostas e não desperdiça tempo. A empresa precisa ser insistente, persistente e disciplinada; precisa ser sistemática, pois está em um momento de vida ou morte.

O passo seguinte é o *monitoramento*. O gestor deve verificar se a comunicação dentro da empresa está sendo eficiente e se a execução do plano de ação é conduzida de maneira satisfatória. Ou seja, perceber se a organização está no bom ou no mau caminho. É preciso que o empresário saiba o que, quando e com que frequência monitorar. Há empresas — em sua maioria no setor público — que optam por uma avaliação anual, o que é muito difícil, pois possivelmente já terão perdido o *timing* para corrigir falhas muito graves. Mas o gestor não pode tentar monitorar o tempo todo, porque haverá um esforço enorme nisso que poderia estar sendo investido na execução do plano em si. Cada processo tem o seu tempo de monitoramento, e é preciso mapear esses momentos certos.

Monitorar, de modo geral, é chato. Muita gente não tem paciência, pois é cansativo e repetitivo. Existem processos que precisam de um *follow-up* semanal para que os gerentes comuniquem à diretoria ou ao conselho administrativo de que maneira determinado projeto está avançando. Existem casos que demandam até mesmo um *feedback* diário. Outro ponto-chave é questionar se a empresa está monitorando os itens corretos. Às vezes o departamento de marketing está desenvolvendo métricas revolucionárias para acompanhar as vendas quando, na verdade, algum outro fator, como logística ou contas a receber, é que está comprometendo, de fato, o lucro.

O monitoramento sempre vai subsidiar a empresa com informações para melhorar os processos. A partir daí entram os ajustes. Podem ser novas tecnologias a serem incorporadas, colaboradores que devem ser substituídos ou até os próprios processos que precisam ser revistos. Essa ferramenta vai te levar à humildade de reconhecer que o planejamento inicial não era perfeito, mas se permitiu ser aperfeiçoado com os devidos ajustes.

Portanto, estas são as ferramentas que vamos discutir mais a fundo a seguir: o diagnóstico, para detectar o problema; o MVV, para determinar aonde a empresa quer chegar; a comunicação, para dar mais transparência e coerência aos processos; o planejamento, para determinar a ordem das prioridades; a execução, para garantir a eficácia e alcançar os objetivos; o monitoramento, para avaliar e obter informações complementares, e, por fim, os ajustes, que vão permitir o aperfeiçoamento do plano de ação da empresa.

## 2.1. DIAGNÓSTICO

Esse termo é geralmente associado ao campo da medicina. O especialista aplica uma série de exames para, por meio de um processo analítico, determinar uma doença ou algum quadro clínico. Curiosamente, a história da medicina mostra que houve um rápido avanço nesse campo quando a ciência passou a se separar da religião e o conhecimento prático começou a prevalecer sobre a fé.

Se fizermos uma comparação com o mundo empresarial, vamos perceber que a aplicação dessa lógica não foge muito a essa regra. **Assim como na medicina, o gestor utiliza uma série de testes para detectar as deficiências da empresa.** E isso só é possível se ele abandonar velhas crenças (no caso, uma perspectiva arcaica de gestão) e partir para um olhar mais cético sobre a realidade.

Quando você depara com o desafio de fazer o diagnóstico de uma empresa, percebe dois tipos de situação. O primeiro é o daquela organização que está começando. Pode ser uma *startup* ou um novo negócio em que alguns sócios estão se aventurando. O segundo é o da empresa que já está no mercado, que já possui um faturamento, mas, diante de muitas dificuldades, está procurando se reestruturar.

No primeiro caso, minha experiência mais valiosa foi na época em que trabalhei na unidade global de inovação em tecnologia da IBM. Como já contei aqui, o meu trabalho era avaliar *startups* com as quais a empresa poderia estabelecer parcerias, utilizando suas soluções inovadoras. Nesse caso, foi preciso levar em conta alguns aspectos principais.

Em primeiro lugar, qual era a proposta de valor que o negócio traria para os clientes? Muitas vezes, algumas empresas tinham ideias de produtos realmente revolucionários, mas não sabiam como vender isso para os clientes, pois não tinham a menor noção de como funcionava o mercado. Elas achavam que seu principal papel era fabricar um produto, mas já naquela época eu tinha a visão de que o consumidor procurava soluções, experiências. É aquela velha história: "O cliente não quer a broca, ele quer o furo." Nesses casos, eu recomendava fortemente que os empreendedores revisassem seus modelos de negócios.

Em resumo, eu avaliava a percepção do cliente, a estratégia *go to market*, vendas, canais, marketing, relações-públicas e o histórico da equipe. Era levado em conta, por exemplo, se havia alguém entre os colaboradores ou no conselho administrativo que já tinha participado de uma *startup* de sucesso. Afinal, é muito arriscado montar um time formado somente por aventureiros de primeira viagem. Eu também era bem crítico em relação à tecnologia, se ela era fácil de copiar e se a empresa já tinha a propriedade intelectual sobre aquela solução. Por fim, analisava os números: modelagem financeira, receitas, fluxo de caixa, investimentos.

## Quando o problema é o dono

Houve empresas em que o principal problema eram os próprios empreendedores. Deixando as vaidades de lado, às vezes as organizações têm em seu corpo de dirigentes pessoas que não estão preparadas para empreender. No mundo da tecnologia, então, isso é muito comum. Pessoas brilhantes que desenvolvem aplicações realmente revolucionárias, mas que não têm tato para o mundo dos negócios. Ou que ainda não estão preparadas para as incertezas do empreendedorismo. São profissionais que deveriam estar em um emprego estável, com a certeza de que o salário vai cair na conta todo começo de mês.

Já deparei com uma *startup* da área de saúde que, de fato, podia ter um futuro brilhante pela frente, mas recomendei em minha análise, fortemente, que um dos sócios-fundadores fosse substituído porque, a meu ver, não estava preparado para o negócio. Foi uma decisão dura dizer aquilo porque eu estava, talvez, destruindo o sonho de uma pessoa. Mas precisava ser feito.

Às vezes minhas opiniões custam o meu próprio contrato. Quando eu era criança, os parentes ficavam enlouquecidos com minha boca aberta. Hoje eu escolho mais as palavras, mas não deixo de dizer tudo o que penso para quem me contratou, mesmo sofrendo custo pessoal. Alguém deve ter a função de não se esconder atrás de camadas do politicamente correto. Já vi muitas empresas afundarem por causa de pessoas que viam todos os problemas, até mesmo as soluções, mas não entendiam que era dever delas apresentar suas opiniões.

Esses são problemas que podem ser resolvidos ou ajustados ainda no processo embrionário da empresa. Quando o problema está no corpo funcional, a equipe pode mudar. É possível encontrar sócios que vão acrescentar novas qualidades ao negócio.

Se existe um erro fatal de diagnóstico em uma empresa que está começando, tem a ver com o faturamento. Mais importante do que a experiência do usuário, que o *design* ou a estratégia de marketing é o fluxo de caixa. Tudo isso se torna secundário quando a companhia não consegue faturar o suficiente para manter as portas abertas. Por que isso acontece? Em decorrência de erros, muitas vezes ingênuos, de cálculo.

## NUNCA DESCUIDE DO FLUXO DE CAIXA

Vou começar agora a falar do segundo grupo de empresas, aquelas que já estão no mercado, que já têm um faturamento, mas estão passando por um processo de reestruturação. Com elas eu lido quase diariamente devido a meu trabalho como mentor de empresários e a minha participação em conselhos administrativos de empresas. Já passo a falar delas porque o erro básico de diagnóstico, também, é justamente o financeiro. Vou reforçar quantas vezes for necessário neste livro: empresas que não têm um fluxo de caixa capaz de arcar com os custos fixos estão condenadas a desaparecer.

Quero contar como isso acontece em muitas das empresas que conheci. Para simplificar, vou utilizar valores bem baixos. Suponhamos que minha empresa vai iniciar um novo projeto cujo custo fixo é R$ 20,00 por mês e o custo variável é R$ 30,00 por unidade produzida. Fechei um contrato para vender aquele lote por R$ 100,00. Eu logo penso: "Opa, mas que bom negócio. Vou gastar 50 e vender a 100. Vou ter 50% de lucro!" Bem, esse seria o modelo tradicional, ensinado em tantas universidades.

O cliente, muito entusiasmado, explica que, de todas as soluções que ele viu, essa foi a de que mais gostou, então fica combinado que nós dois devemos desenhar o acordo. Um mês se passa e o cliente discordou de apenas uma cláusula do contrato. Essa cláusula foi encaminhada para o jurídico, que a analisou e devolveu com a alteração necessária duas semanas depois. A minuta foi, então, passada para o conselho diretivo, que demorou um mês para aprovar e assinar a versão definitiva. Nesse meio-tempo, a incidência do custo fixo na lucratividade do projeto específico foi de 50 (20 + 20 + 10), porque o projeto demorou dois meses e meio para iniciar.

A empresa entregou o lote e acreditava que a história teria um final feliz. Mas o cliente está com problemas no fluxo de caixa e só vai pagar daqui a 90 dias. Eu não quero perder o cliente e contraio um empréstimo para manter a operação. Lembre-se de que o meu custo fixo vai continuar me puxando penhasco abaixo nesses três meses. Então, aquele negócio que começou com um lucro de R$ 50,00 já estava com lucro zero no começo do projeto, e agora está com prejuízo do tamanho dos juros sobre o financiamento tomado. Se não houver um projeto novo, o custo fixo poderá transformar um maravilhoso negócio com 50% de margem em R$ 60,00 de perda, mais juros sobre o capital. Esse exemplo fortalece o tema do tempo, apresentado nos fundamentos.

Agora, qual é a minha reação diante disso? Fico preocupado e procuro novos projetos para vender mais e cobrir esse prejuízo? Isso até funciona quando a economia e o mercado vão bem. Quanto mais eu vender, mais fluxo de caixa eu vou ter e mais protegido desse tipo de adversidade o meu negócio vai estar. Mas é só começar um período de recessão, ou até mesmo de estagnação, que essa tática deixa de ser efetiva. Fecho mais contratos, porém a inadimplência e a burocracia só aumentam, criando um rombo maior ainda na minha organização. O ciclo vicioso de acúmulo de prejuízos se instala sobre a empresa até que ela entre em colapso.

Para sair de uma situação como essa, em outros países, existem mecanismos que permitem fechar as portas e começar uma nova empresa. O presidente dos Estados Unidos, Donald Trump, fez muito isso ao longo de sua carreira como empreendedor. Quem procura a biografia de Trump pode estranhar o fato de um magnata do mundo dos negócios ter falido tantas vezes. Grosseiramente falando, funciona assim: quando você percebe que uma empresa não vai bem, abre falência e recomeça com outro CNPJ.

No Brasil, esse tipo de manobra geralmente não dá certo. O risco trabalhista e o passivo fiscal provavelmente seriam repassados de uma empresa para outra. O que muitos então fazem é tentar conseguir um laranja, alguém que apenas estará emprestando seu nome e identidade.

Só que, além de ser uma prática ilegal, os erros vão se repetir com o outro nome, o que cria um problema sistêmico: o empresário de bem é punido, enquanto o mal-intencionado recorre ao famoso jeitinho brasileiro.

### Antes de agir na crise

Então, quando se faz um diagnóstico de uma empresa e se traça um plano para tirá-la de uma crise financeira, há diversos aspectos para avaliar se ela realmente deve ser salva. São muitas as variáveis: equipe, estratégia de vendas, produto, modelagem financeira, operacional e serviços internos. Esses seis grupos de análise vão permitir uma visão sobre como o negócio se encontra diante do mercado em que atua, os ativos disponíveis para venda, os espaços para negociação das dívidas, a imagem e reputação diante dos clientes, o relacionamento com os fornecedores, os riscos trabalhistas e, acima de tudo, se a empresa tem uma equipe preparada para os desafios que estão pela frente.

Antes de tudo, é necessário detectar qual é o verdadeiro passivo da empresa. Eu já tive um cliente que vivia contraindo empréstimos e fechava contratos com muitos fornecedores, sem fazer um real controle disso tudo. Então, ele não sabia realmente quanto devia. Ele se lembrava de uma dívida de quatro milhões em um lugar, de outra de 20 milhões em outro, mas não sabia ao certo o tamanho da sua dívida. Acredite, isso acontece muito.

Outro problema, que originou o erro de cálculo no primeiro exemplo que demos, é o fato de muitos gestores não enxergarem contratos com fornecedores como ativos ou passivos. Eles apenas documentam aquele projeto quando o fornecedor emite a nota fiscal, e só então o débito é incluído nas contas a pagar. Então, os relatórios gerenciais e fiscais passam uma realidade melhor ou pior do que aquela que de fato está acontecendo, porque não contabilizam os esforços da empresa durante o processo de implementação do novo projeto. Novamente, isso acontece com frequência.

Portanto, é necessário fazer uma análise criteriosa dos passivos e ativos gerenciais e das possibilidades que existem para pagá-los e reduzi-los. Algumas empresas entram em recuperação judicial na esperança de que o juiz, mesmo prejudicando fornecedores e parceiros, dê uma decisão favorável na tentativa de preservar os empregos. Então, é possível pensar em uma maneira de parcelar as dívidas para os próximos anos e começar a criar uma estratégia de reestruturação. Mas isso também é só uma hipótese.

Outra questão fundamental em relação ao diagnóstico se integra a alguns fundamentos elementares que discutimos anteriormente. O tempo é um deles. O diagnóstico tem que atender à necessidade do tempo de resposta aos problemas da empresa e às tomadas de decisão de seus gestores. Um diagnóstico lento só vai permitir um plano de ação quando já for tarde demais. Por outro lado, imagine um diagnóstico rápido, mas que chega a uma conclusão equivocada. Isso traria mais prejuízos do que benefícios.

Não são poucos os gestores que pensam da seguinte forma: se há problemas nos departamentos financeiro, RH, operações e marketing, vamos escolher um deles para consertar. O tempo todo esses profissionais vão estar corrigindo algo, e em algum momento a empresa estará em funcionamento pleno. Isso se chama transitividade da economia, ou seja, a ordem dos fatores não alteraria o produto. No entanto, a realidade é intransitiva, então a ordem dos fatores faz, sim, toda a diferença. Se o momento clama por uma nova estratégia de vendas, devido a uma oportunidade latente no mercado, a empresa deve deixar de lado o setor de TI, por exemplo, pois aquilo não é mais urgente.

Fazer a coisa certa na hora certa é, portanto, outro grande desafio em vez de simplesmente melhorar por melhorar. Modelos de Kayzen de melhoria contínua falham exatamente por isso. É importante, sim, documentar o que pode ser melhorado, mas cada item a seu tempo. A melhoria de um processo secundário pode exigir muito dos executivos, que, por sua vez, têm o tempo muito escasso e acabam se desviando daquilo em que realmente deveriam estar focados.

Quando os gestores entendem a importância de ter um excelente diagnóstico desenvolvido para a estratégia e execução da empresa, se questionam sobre qual seria o "superdiagnóstico". Em forte contraste com o mundo acadêmico, vou sugerir aquilo que, na prática, considero uma técnica eficaz para identificar um diagnóstico fabuloso.

**Caso a empresa tenha um conselho administrativo ou consultivo bem heterogêneo, com pessoas seniores, experientes, críticas e bem-intencionadas** (o que nem sempre é possível. Veja as empresas públicas, cujos conselhos são, muitas vezes, compostos por pessoas focadas em suas próprias agendas políticas), **uma boa apresentação de diagnóstico é a que arranque um sorriso unânime: está aí um diagnóstico infalível.**

## Previsões? Só as realistas

A lição principal ao realizar o diagnóstico de uma empresa é a necessidade de fazer previsões realistas na relação entre custo e faturamento, com muita atenção na estrutura de custo fixo. Um conselho administrativo multidisciplinar bem preparado é a maneira mais eficiente para moldar uma estratégia resiliente e um processo de tomada de decisão mais objetivo. Dessa forma, se produz barato e se vende a preço justo para criar uma situação de lucro. Nos casos de reestruturação, é possível renegociar dívidas e realocar recursos, de modo a retornar aos balanços positivos.

Se há, na equipe, tributaristas experientes, eles vão conseguir encontrar saídas para que os impostos não continuem a afundar a empresa. Se o marketing e o financeiro trabalham de maneira integrada, os produtos conseguem chegar ao consumidor com um preço competitivo sem comprometer a operação. Ou, ainda, se há agentes externos, como negócios disruptivos atuando no mercado, conseguem recomendar um investimento em inovação ou até uma mudança no nicho de atuação. Esses são só alguns exemplos que comprovam que o diagnóstico surge de um esforço colaborativo entre as diversas áreas para detectar as fragilidades da companhia.

Vejo que muitas empresas tentam usar suas equipes operacionais para realizar diagnósticos. Por exemplo, passam seus funcionários por estudos de *Design Thinking*. No entanto, em geral, vejo que pessoas não envolvidas emocionalmente nas responsabilidades operacionais têm mais chances de criar um diagnóstico objetivo, além de ter mais tempo para realizá-lo.

Uma das piores coisas que podem acontecer para uma organização é que seja realizado um diagnóstico equivocado. Uma série de atitudes para corrigir, ajustar e modificar algo irrelevante vai comprometer recursos financeiros e humanos, podendo ainda desencadear um processo de desconfiança e desengajamento muito difícil de ser revertido posteriormente.

## 2.2. MISSÃO, VISÃO E VALORES

Pode parecer estranho tratar de uma discussão um tanto abstrata, ou até filosófica, quando se acabou de analisar o diagnóstico da empresa, em que se procurava saber o que exatamente a levou à situação atual. O gestor pode perguntar se, com tantas deficiências para resolver, haveria tempo hábil para discutir Missão, Visão e Valores (MVV) neste momento.

Mas é precisamente o que entendo que necessita ser feito após o diagnóstico. O MVV precisa ser renovado incorporando o que foi encontrado na fase anterior, de forma que fique claro para os *stakeholders* os objetivos primordiais da empresa. **Trata-se de tornar prioritário o que é prioridade, questionando de que maneira cada departamento, processo, tecnologia, colaborador e o ecossistema como um todo podem contribuir em volta do MVV.** A isso chamamos de foco.

Por mais difíceis que sejam os problemas enfrentados pelas organizações pelas quais passei, discutir a base dos processos, da própria razão de existência e da maneira como isso é comunicado para os *stakeholders* sempre se mostrou necessário e crucial para a reestruturação no negócio.

É importante frisar que estamos falando aqui de empresas que realmente querem crescer de forma sustentável ou até mesmo se perpetuar no mercado. Se fosse um projeto ou uma *joint venture* com objetivos pontuais e específicos, a conversa seria diferente. É preciso ir fundo e discutir a história da forma como você gostaria que ela fosse contada:

como você quer ser lembrado? Qual é o legado que você vai deixar para seus filhos, netos, a comunidade em que vive, ou até mesmo para a humanidade? Se fosse escrita uma biografia sua, ou saísse uma matéria extensa em um jornal ou revista, o que você gostaria que estivesse escrito? Qual é seu desejo quando os colaboradores conversam com suas famílias e amigos sobre você e a empresa? Essa é a importância do MVV. Se não o fizer, estará deixando para a imaginação e a interpretação dos outros. Se criar algo que não acredita ou não é capaz de executar, é bem provável que essa seja a história a ser contada.

De modo geral, Missão, Visão e Valores (MVV) é um assunto muito discutido nos âmbitos empresarial, de gestão e da administração, ao passo em que se gasta um enorme esforço para conceituar esses termos. Existem livros dedicados exclusivamente a isso, à conceituação. É muito bom que haja realmente uma discussão, afinal não é raro encontrar aquelas empresas que tiveram um MVV desenvolvido pelo departamento de recursos humanos, de maneira bem fria e distante da realidade dos outros setores, somada a uma aprovação preguiçosa pela diretoria. Então, é importante que exista uma extensa literatura para procurar reverter essa situação.

## Usando o MVV como ferramenta

Meu objetivo aqui não é me alongar em explicações, nem tentar dizer qual é o método correto para estabelecer o MVV da sua empresa. Novamente, no mundo da gestão corporativa, cada organização possui uma realidade diferente, então não existe uma fórmula mágica. Meu foco é mostrar de forma prática que o MVV funciona como uma ferramenta para aplicar os conceitos de reestruturação.

Em resumo, a Missão de uma empresa é um enunciado que procura explicitar o porquê da sua existência. Geralmente algumas utilizam um discurso mais utópico, e outras têm um tom mais desafiador. De modo geral, a Missão tem características inspiradoras, que empolgam os funcionários. Eles se sentem orgulhosos por fazer parte daquela organização.

A Visão é basicamente como a empresa quer ser lembrada, é o legado almejado. Essa parte é muito importante porque clientes, fornecedores e investidores, na maioria das vezes, precisam se conectar com o posicionamento ideológico da empresa com que está se relacionando. As negociações, seja um processo de venda ou um aporte, têm muito mais chances de obter sucesso quando existe um capital social entre as partes interessadas. Ou seja, elas acreditam nas mesmas ideias, compartilham de uma mesma visão ou, pelo menos, de um ponto de vista parecido. Por isso, é muito importante que os *stakeholders* tenham afinidade com a Visão da sua empresa. A visão deve ser desafiadora e atingível, mesmo que isso não aconteça facilmente. Vejamos dois exemplos: (i) Google: "Organizar a informação do mundo e torná-la universalmente acessível e útil"; (ii) Governo Americano "Até o final desta década, os Estados Unidos da América colocarão um homem na Lua." Imagine agora criar o MVV sem, de fato, acreditar nele. A sua empresa pode estar atraindo *stakeholders* que acreditam nela, mas que, quando descobrem a "fraude", iniciam conflitos que poderiam ter sido evitados.

Os Valores, por favor, representam aquilo no que a empresa acredita. Se a trajetória da companhia fosse uma estrada, os Valores seriam as placas que apontam as direções corretas para o destino almejado, determinando a velocidade e alertando para possíveis perigos.

Para tornar essa explicação mais tangível, vamos utilizar o exemplo de uma empresa da qual já participei como reestruturador. Ela atua no setor de engenharia de trânsito, realizando projetos de sinalização vertical, horizontal, salas de comando do controle de trânsito, entre outros. A companhia passava por dificuldades devido ao atraso de pagamentos dos governos, o sócio controlador tinha visão de mundo completamente distinta dos sócios executivos, o departamento financeiro/administrativo e o operacional não se falavam, o comercial estava estruturado para atender a demandas do passado e os colaboradores, que tinham que aturar as mudanças da liderança em um curto espaço de tempo, estavam desmotivados. Como discutir MVV em uma empresa que tem todos esses desafios como agravantes?

Vamos fazer um mergulho nessa análise para conhecer, diagnosticar e estabelecer diretrizes de crescimento para essa companhia.

### MISSÃO

*Temos como objetivos: (i) promover a segurança e reduzir o número e a severidade de acidentes de trânsito; (ii) melhorar a experiência de locomoção dos usuários; e (iii) colaborar para o desenvolvimento econômico-social onde atuamos.*

Veja que se trata de uma empresa cuja missão anterior era ser uma das maiores do ramo, o que não tem significado nenhum para os colaboradores. Agora o papo é outro.

Você está dizendo que o Brasil, com sua inconsequência e falta de valorização da vida humana, deixa todo ano 50 mil pessoas perderem suas vidas no trânsito. Esse número pode incluir você, seus pais, seus filhos. Mas essa empresa pode mudar isso, pode ajudar a mudar o Brasil e torná-lo mais seguro para a atual e as futuras gerações.

Porque a missão é *(i) promover a segurança e reduzir o número e severidade de acidentes de trânsito!* Isso pode salvar mais vidas do que o maior hospital do Brasil!

Você concorda comigo que essa missão e esse discurso têm um poder de influência profundo, que traria reflexão por parte de todos os *stakeholders*? Com base nessa missão, fica claro o motivo pelo qual cada um dos colaboradores acorda de manhã e sua missão é a de transformar um país.

*(ii) melhorar a experiência de locomoção dos usuários*
Todos nós sofremos com o trânsito diário. Muitos de nós perdemos até quatro horas por dia no translado entre nosso lar e o trabalho. Essa missão é pessoal, é desafiadora e, sem dúvida, vale a pena lutar por ela.

*(iii) colaborar para o desenvolvimento econômico--social onde atuamos*
Essa parte da missão não é tão óbvia. Em nossos estudos, deparamos com as pesquisas de Alex Pentland, um dos mais renomados professores de MIT. Em seu curso, chamado de *Social Physics* (Física Social), ele demonstra que, ao melhorar a experiência de ir e vir, se colabora com o desenvolvimento econômico-social, ou seja, uma ação estratégica no nível nacional, estadual municipal. Trata-se, sem dúvida, de uma missão nobre.

Veja que uma simples missão tem uma explicação bem profunda e embasada. O papel do líder é comunicar e deixar ela clara para todos os *stakeholders*. Se for uma boa missão, ela deve sobreviver a críticas de todos os tipos, porque nasceu de um processo profundo de análise (o diagnóstico). Infelizmente, a maior parte dos MVV que conheci das empresas emque estive envolvido estava lá apenas para cumprir o protocolo.

Em outro caso, durante a escrita deste livro, reavaliamos a visão de um site de comércio eletrônico B2B para material de construção. A visão original da companhia era "ser reconhecida como a melhor e mais inovadora empresa do segmento". Com todo o respeito, quem vai julgar se eu sou a melhor ou a mais inovadora e sobre qual critério? Pode outra empresa ser pior, mais inovadora e, ainda assim, ter mais sucesso? Acho que sim.

Sendo sincero, acho que essa definição é tão abstrata que eu não saberia como ela ajuda a gerir a empresa no dia a dia e muito menos como se comunicar com *stakeholders*.

Esta é a nossa proposta:

## VISÃO

*Respeitamos acima de tudo o seu tempo. Em até 5 horas, queremos atender às necessidades de produtos para seu lar ou trabalho*

Essa é uma mudança completa de paradigma para a empresa. Primeiramente, a empresa está se referindo ao cliente final e não ao seu cliente direto. Não há intenção de roubar o cliente de ninguém, mas sim de empoderar o revendedor para fornecer qualquer produto na casa ou escritório do cliente no mesmo dia útil. Como meta e objetivo, isso mudaria completamente, e para sempre, o mercado de comércio eletrônico brasileiro.

O foco é mais abrangente do que ferramentas de construção, o que dá maior margem de crescimento. É uma manobra tática e estratégica, podendo focar em produtos com maior margem. A empresa passará de uma atuação localizada para o âmbito nacional, o que é desafiador e difícil mas também estratégico. Isso permite distribuir o risco de crédito para diversos estados e cidades conforme as oportunidades de mercado e a necessidade da companhia.

Pode-se discutir o mérito dessa visão, o que sem dúvida é realizado e desenvolvido com os sócios, executivos e colaboradores. Mas não há dúvida sobre a facilidade que ela traz na comunicação, planejamento, execução, monitoramento e ajustes. Ela é tangível, mensurável e clara. A visão atende a uma necessidade gritante do mercado: poder comprar diferentes produtos no comércio eletrônico e obtê-los no mesmo dia.

## VALORES

Voltemos ao diagnóstico sobre outro cliente. Concluí que os funcionários estavam totalmente desmotivados e desengajados. Muitos perdiam horas de trabalho já procurando um novo emprego. Ao analisar o conhecimento que os colaboradores tinham, e aqueles exigidos por sua função, foi encontrado um oceano.

Os valores são específicos para sua empresa. Não devem ser extensos, porque precisamos ser realistas na execução da missão em destino à visão, com suporte dos valores. Se a lista for longa, estaremos com certeza abrindo mão de alguns valores e comprometendo nossa credibilidade perante os *stakeholders*. Isso será um tiro pela culatra na estratégia corporativa.

*__Ética e transparência__ em todos os relacionamento e em todas as ações.*

*__Conhecimento__: sempre temos o que aprender como indivíduos, equipe e empresa; devemos estar em processo de evolução constante, sistematicamente perguntando o que devemos fazer melhor com o que aprendemos.*

*__Iniciativa__: ao identificar algo que pode ser corrigido, prevenido ou aperfeiçoado, devemos comunicar ou debater, planejar e priorizar nossas ações e executá-las com excelência até a conclusão. O melhor momento para realizar é agora!*

Veja que os principais problemas que existiam nesse cliente específico, no que diz respeito aos colaboradores, estavam relacionados à ética e à transparência, à falta de conhecimento e de iniciativa. Ou se resolviam essas questões ou o barco afundava. Os valores — que convém limitar a três no máximo — devem ter aquelas características de comportamento que são essenciais para a empresa atingir seu objetivo estratégico. Eles podem reforçar algo que já existe e não pode ser perdido, como, no caso que acompanhamos há pouco, enfatizar valores que faltam e precisam ser desenvolvidos na empresa.

Nesse exemplo, a empresa elegeu três virtudes que considera essenciais para a saúde organizacional. Em primeiro lugar, ética e transparência em todas as ações. É necessário ser 100% transparente com o cliente. Caso contrário, ele vai procurar outro fornecedor que o seja.

O conhecimento está ligado à parte da qualificação; a empresa deixa bem claro para os funcionários que, para trabalhar ali, é preciso estar sempre atualizado, procurando se qualificar. Ainda mais na realidade, com novas tecnologias, aplicativos e métodos surgindo a cada dia, com o intuito de otimizar os processos. Então, se em um futuro próximo o funcionário for demitido porque não estava preparado para exercer aquela função, não poderá acusar a empresa de ser antiética. Ela deixou bem claro, desde o início, em seus Valores, a importância do conhecimento.

Isso é muito sério. Já atuei como consultor de reestruturação de empresas cujos funcionários não tinham a mínima condição de estar trabalhando ali. Era o cunhado de alguém, ou um colaborador muito antigo que foi promovido, para não dizer encaixado, em uma função para a qual não estava preparado. Então, um alto nível de conhecimento como condição *sine qua non* é uma virtude que eu recomendo fortemente nos Valores de todas as empresas.

Por último, vem a iniciativa. Quando comecei meu trabalho nessa empresa que estou citando no exemplo, os funcionários não tinham liberdade para apontar falhas ou discutir melhorias nos processos. A comunicação era agressiva e unilateral, oriunda da parte mais elevada da hierarquia. Deparei com colaboradores amedrontados, profundamente incomodados com muitas coisas, mas sem coragem de relatar aos superiores. Então, houve um trabalho muito forte em recompensar, com premiações e promoções, a proatividade daqueles que enxergavam que tinha muita coisa errada acontecendo e que propunham melhorias e mudanças. Era o início de uma cultura.

Às vezes, o MVV de uma empresa não é bem desenhado. Em outras, os valores até existem, mas não são explícitos, ou seja, ninguém chegou a botar no papel ou formalizar. Por exemplo, você não precisa acrescentar o conceito de respeito aos Valores. Se as pessoas se tratam com respeito e são tratadas assim dentro da empresa, isso não precisa estar escrito, pode ser algo implícito. Pior ainda são aquelas companhias que colocam isso como uma vitrine, mas na verdade cometem uma série de abusos contra seus empregados.

Se a empresa está mal, a necessidade do MVV é gritante. Não dá para insistir em algo que não está funcionando. É necessário um debate maduro para usar essa ferramenta corretamente. Discutir valores e crenças é difícil, por isso muitos acabam desistindo ou simplesmente não têm maturidade para conduzir esse processo. Porém, se a empresa quer de fato provocar uma mudança profunda, maximizando ganhos e se perpetuando no mercado, precisa criar um sistema otimizado, com uma equipe mais orgânica, mais bem preparada, em que os profissionais se entendem mesmo com uma baixa granularidade. Para criar essa cultura em que uma palavra tem um amplo significado, e em que ele pode ser interpretado por pessoas de uma mesma forma — e correta — entre investidores, fornecedores, colaboradores, todos aqueles *stakeholders*, é preciso criar um mecanismo de linguagem avançada que funcione. É para isso que serve o MVV, para construir essa linguagem, essa visão, esses padrões dentro da organização e para fora dela.

## 2.3. COMUNICAÇÃO

Seja bem sincero neste momento. **Se você fizer uma pesquisa entre os seus funcionários para mensurar o quanto eles confiam naquilo que é dito nas comunicações dentro da empresa (pode ser pelo presidente, pelos gerentes, pelo RH ou pelo departamento de marketing), quantos responderiam que acreditam 100%?** Já passei por empresas em que a credibilidade da comunicação já estava tão desgastada que nem mesmo metade dizia acreditar naquilo que lhe era dito. Esse é um problema muito sério, pois a comunicação é uma ferramenta essencial de gestão, liderança e mudança. Sem credibilidade, porém, ela tem pouco valor, ou às vezes traz prejuízo.

Pessoas bem-sucedidas, de modo geral, se comunicam muito bem. Elas falam bem em público, dominam a retórica, são carismáticas e sabem, verdadeiramente, engajar as pessoas com seus discursos. Existem exemplos globais como Steve Jobs, que, a cada novo lançamento de produto, fazia questão de fazer pessoalmente um espetáculo à parte — os famosos painéis da Apple, que o mundo inteiro parava para assistir. Mas existem exemplos mais próximos. Se prestarmos bastante atenção, veremos que os grandes talentos de qualquer empresa, o melhor vendedor da equipe, aquele que ganha as contas-chave, que cresce rapidamente, é sempre alguém que possui uma grande rede de contatos, que consegue influenciar as pessoas ao redor.

Uma comunicação organizacional — ou interna, como preferirem — eficiente é mandatória dentro das organizações. Pode parecer meio contraditório, mas empresas líderes de mercado cometem falhas grotescas. Existem casos de grandes campanhas de publicidade que anunciam promoções e, quando o cliente vai até a loja à procura do produto, o vendedor não está ciente dos descontos anunciados. São empresas cheias de ruídos na comunicação.

Já as relações institucionais (com o público externo, com o Governo, com a imprensa, com organizações da sociedade civil e com outras empresas) dizem respeito a uma expertise própria e muitas vezes são conduzidas por profissionais de relações-públicas (no Brasil existe a formação específica na área, mas não é raro encontrar profissionais de marketing, jornalistas e comunicólogos exercendo a função). Essa é uma área delicada, que envolve a reputação da empresa, mas que não tem grandes segredos. As empresas estão entendendo, cada vez mais, que a simplicidade e a pessoalidade são peças-chave para uma comunicação eficiente.

### EFICIÊNCIA É A PALAVRA-CHAVE

Vou explicar melhor cada um dos eixos de comunicação (interpessoal, organizacional e institucional), mas primeiro me deixe dar o exemplo de como uma comunicação mal executada pode ser um verdadeiro desastre em uma empresa.

Em 2001, após uma reestruturação muito bem-sucedida que durou oito anos, Louis Gerstner, então presidente da IBM, se aposentou. Foi na gestão dele que a empresa definiu a brilhante estratégia chamada de *e-business*, em que a IBM ajudaria outras empresas a migrar para a era da internet, permitindo que seus serviços e negócios fossem disponibilizados a seus clientes a qualquer momento, de qualquer lugar e por meio de qualquer aparelho. Essa estratégia elevou o valor de mercado da IBM de U$29 bilhões para nada menos que U$168 bilhões. Foi uma das maiores e melhores recuperações da história.

A empresa, então, precisava de uma nova estratégia que se sustentasse pelos próximos cinco ou dez anos. Estudos de mercado foram feitos, assim como milhares de entrevistas com os executivos dos principais clientes. E foi assim que nasceu a estratégia *on demand business*.

Essa estratégia pode ser escrita da seguinte maneira: uma empresa cujos processos de negócios sejam integrados de ponta a ponta e com seus parceiros, fornecedores e clientes poderá responder com velocidade a qualquer demanda, oportunidades de negócios e ameaças externas; será um negócio sob demanda.

Era excelente, para não dizer brilhante. Foi criado um documento chamado *The New Agenda*, que explicava essa estratégia para todos os 400 mil funcionários espalhados por mais de cem países.

Mas foi um verdadeiro fracasso. Não que a estratégia estivesse errada. Posso dizer de primeira que ela foi perfeita. A falha estava na maneira como foi comunicada. Quase todos os funcionários entenderem errado.

A expressão *on demand* — sob demanda — sugeria algo como a Netflix, em que a pessoa pode ver o filme que quiser, quando quiser, e sem propagandas. Os funcionários, clientes, parceiros e fornecedores não leram o documento. O nome *on demand* sugeria que a IBM iria fornecer produtos e serviços "sob demanda", em vez de preparar as empresas dos clientes para conseguir se adaptar sob demanda (o que era a estratégia original).

A empresa enviou um documento pomposo para os funcionários e não esperava que eles não fossem ler. Alguns liam umas partes, outros liam apenas o começo. Eles comentavam entre si, passavam uns aos outros um entendimento errado sobre a estratégia. A empresa não foi humilde para entender que comunicação é algo complexo, ainda mais quando estamos falando com pessoas de diferentes culturas, línguas e níveis de conhecimento.

A solução encontrada foi realinhar a estratégia e passar a chamá-la de *Global Integrated Business*, ou "Empresas Integradas Globalmente", que expressava de maneira mais didática o que a estratégia dizia e não abria caminhos para outras interpretações. Então, a IBM conseguiu realinhar o discurso e as ações voltaram a subir.

Já deu para perceber a importância da comunicação como ferramenta de gestão. Agora, como melhorar a comunicação interpessoal? Conheci pessoas brilhantes, professores e executivos que foram convidados para palestras e deram verdadeiros vexames. Eles tinham muito conhecimento na área, mas não sabiam transmitir o conteúdo. Acabavam queimando a própria imagem e reputação.

Por outro lado, não é incomum encontrar pessoas que nem têm uma trajetória assim tão longa, mas são convidadas para palestras, escrevem livros, fazem sucesso com canais no YouTube, produzem podcasts e por aí vai. Elas conseguem transmitir suas mensagens de maneira atraente para o público. Mas e na realidade do cotidiano da empresa, como trabalhar a comunicação?

Você lembra quando eu contei por que fui escolhido para o serviço de inteligência em Israel? Porque eu sabia transitar entre os diferentes níveis de comunicação. Eu sabia aplicar os diferentes níveis de granularidade para conseguir o máximo das pessoas, não importa o grau de qualificação. Esse é um exercício essencial para o gestor.

Quando se fala em comunicação oficial para os funcionários, muito se discute sobre os meios utilizados. Pergunta-se qual é o método ideal, chegando até a contratar consultorias para definir uma estratégia de comunicação interna. Mas, assim como tenho dito desde o início sobre a gestão, na comunicação também não existe fórmula mágica. É preciso verificar qual é a realidade da sua empresa: se a melhor maneira de se comunicar é por e-mail, carta, jornal, mural etc. Tudo depende do nível em que os seus funcionários estão.

Steve Jobs costumava se comunicar gravando pequenos vídeos que eram enviados para os funcionários. Na IBM, a palavra de ordem era o e-mail. Pode ser que na sua empresa a maneira mais eficaz seja entrar no galpão, reunir todo mundo, subir em cima de uma banqueta e fazer o comunicado (como eu fiz algumas vezes), ou, em outro caso, usar grupos do WhatsApp ou Telegram.

Pessoalmente, acredito muito no e-mail. Acho uma ferramenta ágil e acessível, que te dá algumas seguranças. Por exemplo, se em determinada reunião um funcionário disse que não sabia de tal alteração no planejamento, você tem a segurança de que aquilo foi avisado por e-mail e pode dizer que, se aquele colaborador checar a caixa de entrada, vai encontrar o comunicado. Ele não leu porque não quis ou porque não cumpriu uma obrigação.

É claro que fica a lição da IBM: ninguém vai ler um documento oficial de dezenas de páginas. Por isso, é importante focar na clareza da comunicação. Se você digitar no Google "dicas para escrever um e-mail profissional", vai perceber que em todos os resultados a regra essencial é fazer uma comunicação direta e sucinta, para que ninguém desista de ler até o final.

Já trabalhei com uma empresa em que os integrantes do operacional não tinham e-mail profissional. Eram pessoas mais simples. Sem problemas; os comunicados eram feitos por carta e eles assinavam uma ata de recebimento. Mas é importante incluir todos, de maneira democrática, nas comunicações da empresa.

Muitas empresas acabam contratando profissionais, ou terceirizando por meio de agências, a produção dos chamados *house organs*. São produtos mais elaborados, como uma *newsletter* ou até uma revista institucional. O importante nesse caso é que, mais do que o conhecimento em comunicação, o profissional de relações-públicas à frente dessa tarefa tenha um conhecimento profundo sobre a realidade da empresa. É preciso que ele faça uma verdadeira imersão e descubra a realidade daquela organização e de seus funcionários. Só assim ele vai poder aplicar uma granularidade correta e se comunicar de uma forma que todos vão compreender.

### INTELIGÊNCIA E CREDIBILIDADE

Agora, como eu falei no começo deste tópico, não adianta nada se comunicar bem se não há credibilidade. Às vezes o funcionário não acredita, não por má-fé, mas porque já se decepcionou em outras ocasiões. Houve, então, uma quebra de confiança. É preciso, nesse caso, fazer uma reflexão sobre a maneira de reconquistar esses funcionários — e a transparência é um ingrediente essencial nesse momento. Se o gestor concluir que os colaboradores estão contaminados por uma desconfiança irreversível, deve avaliar se é o caso de contratar uma nova equipe.

Já a comunicação com o público externo pode abarcar uma série de ferramentas: publicidade, marketing digital, redes sociais, relações--públicas, assessoria de imprensa e comunicação institucional. Uma não é melhor do que a outra e elas não são excludentes. A escolha das ferramentas adequadas vai depender da realidade de cada um. Em grandes empresas, as necessidades de comunicação vão evoluindo, de modo que o ideal é a aplicação de uma comunicação integrada, utilizando de maneira complementar todos esses componentes.

Vejam o caso da Netflix, uma companhia com uma estratégia de comunicação eficiente e minimalista. Ela possui um enorme engajamento nas redes sociais, e as editorias de cultura e entretenimento dos principais veículos de comunicação mundial fazem a cobertura das novidades no catálogo e *reviews* das séries originais. No Brasil, então, é uma febre, e a audiência já é maior que a de emissoras de TV como Record e Band juntas. A empresa está nas conversas rotineiras das pessoas, que gostam de trocar dicas de títulos entre si.

Além do modelo de negócio disruptivo e inovador, a Netflix, na formulação de seus programas, utiliza análise de *big data* para encontrar informações sobre o que o grande público gosta. Por exemplo, em uma dessas análises, constatou-se que existe grande afinidade com histórias que envolvem pessoas com superpoderes e o sobrenatural. Então, a Netflix tem lançado adaptações de histórias de diversos heróis da Marvel, além de *Sense8* e do fenômeno *Stranger Things*. Ela produziu até uma série original brasileira, *3%*, que fala de um futuro distópico. O resultado não podia ser diferente: milhares de pessoas passando horas na frente da tela assistindo aos episódios.

Esse é apenas um exemplo. As *startups*, de modo geral, estão dando uma verdadeira lição de como uma interação colaborativa, eficaz e pessoal é a melhor maneira de se comunicar. Esse aprendizado pode ser muito bem absorvido por empresas que querem implementar inovação ou superar um momento de crise. Mais adiante, vamos falar sobre cada departamento da empresa no processo de reestruturação. Vou ter a oportunidade de falar um pouco mais sobre algumas dessas novidades nas áreas de marketing e relações-públicas.

## INVISTA NO *STORYTELLING*

Uma reflexão a fazer é se as comunicações feitas dentro da empresa e, principalmente, pelo gestor precisam necessariamente ser quadradas, formais e totalmente engessadas como estamos acostumados a ver. Não seria mais interessante pensar fora da caixinha e procurar uma maneira mais interessante de se comunicar? Particularmente, (e vejo muitas empresas fantásticas fazendo) sou entusiasta do *storytelling*.

Se é a primeira vez que você tem contato com esse termo, trata-se, em uma tradução literal, de contar histórias. Os estudiosos da comunicação têm considerado, mais recentemente, o *storytelling* uma poderosa ferramenta para potencializar a interação entre indivíduos e organizações, mas essa técnica é mais antiga do que se imagina. Martha Terenzzo e Fernando Palacios — pessoas que admiro muito — coautores do livro *O guia completo do "storytelling"*, acreditam que a ferramenta nada mais é que uma transfusão de emoções humanas para contar histórias com um propósito. Se formos pensar dessa maneira, as inscrições rupestres nas cavernas e a própria Bíblia são evidências de que o *storytelling* remeta à própria origem da capacidade do homem de se comunicar.

Mas isso é possível no mundo corporativo? Faço parte da corrente que acredita e muito no potencial dessa ferramenta no dia a dia das empresas. É uma oportunidade de engajar as pessoas com mais autenticidade. Às vezes, um e-mail convidando a equipe para um treinamento importante não precisa ser aquela mensagem formal, com o típico: "Prezado colaborador, você está sendo convidado a participar..." Isso pode ser feito por meio de uma mensagem instigante, descolada, pessoal, que faça aquele funcionário acreditar que você está falando diretamente com ele. Ele vai perceber a diferença entre engajamento e a gestão imposta sobre ele. Não é porque é sério que tem que ser chato.

Utilizar o *storytelling* é personalizar as suas comunicações. É saber adaptar a maneira de falar, por exemplo, com o seu RH — por meio de uma linguagem mais simples — e com um cliente, quando você expõe toda a sua expertise para transparecer credibilidade. Tem gente que não acredita, mas até mesmo em reuniões de *board* as grandes empresas estão abandonando as velhas planilhas e apresentações quadradas para contar histórias fascinantes de como os resultados da organização estão mudando as vidas de seus clientes. E o resultado é diferenciado. As pessoas largam o celular e começam a se engajar nas reuniões. Um executivo de uma grande indústria farmacêutica pode não se impressionar com a descoberta de um novo medicamento com a demonstração dos componentes desenvolvidos no laboratório, mas a história do paciente que pode ter a vida transformada com aquela descoberta, se bem contada, essa sim é capaz de trazer muitos aliados para o projeto.

Outro ponto positivo do *storytelling* é a clareza na comunicação entre os indivíduos. No exemplo da IBM, um grande erro foi o fato de a maioria das pessoas não ter lido o documento ou ter feito a leitura parcial, obtendo uma compreensão parcial da estratégia. Pois bem, uma história deve ter, via de regra, começo, meio e fim. Então, as chances de ela conter todas as informações pertinentes para aquele seu comunicado são maiores, porque uma sequência lógica dos fatos e das ideias será seguida.

Isso não quer dizer que você tem que sair contando parábolas para os funcionários agora mesmo. Todos nós sabemos contar histórias e fazemos isso diariamente, no entanto, para aplicar isso como uma ferramenta de gestão, é preciso se capacitar. Isso precisa ser feito aliado a outros fatores essenciais, como a organização, a credibilidade e o compromisso com uma comunicação eficaz.

Recomendo a criação de um sistema de controle dos comunicados que são feitos pelo líder na empresa. Pode ser uma planilha, um aplicativo, existem até softwares que fazem isso. Enfim, cada um tem seu próprio estilo. O importante é que você saiba o que foi comunicado, quando, para quem e se aquela comunicação precisa ser atualizada no futuro. E o líder deve sempre estar um passo à frente: nada mais vergonhoso que aquele chefe que só manda *yesterday news*. O quesito credibilidade vai por água abaixo.

Esse controle também vai evitar algo que é muito nocivo nas empresas: a famosa rádio-peão. Um cochicho aqui, outro ali, em pouco tempo a fofoca toma conta da empresa e compromete totalmente o clima organizacional. Ter uma comunicação eficiente vai evitar isso. Já tive o caso de uma demissão complicada de um funcionário, que poderia ter se tornado uma grande bola de neve se eu não tivesse, no dia seguinte — preservando a identidade do funcionário —, enviado um comunicado que explicava, com franqueza, o ocorrido. Foi simples, curto, em forma de historinha mesmo: "Ontem aconteceu isso, de tal forma, com um funcionário da empresa e ele foi desligado." Tinha que ser transparente, pois era do interesse de todos. Mas não é o que acontece no dia a dia. A cultura de abafar, de colocar panos quentes — como preferirem chamar —, impera nas empresas, e os resultados são boatos que geram um clima de desconfiança no ambiente organizacional.

Você deve se lembrar de quando discutimos o MVV e eu ressaltei a importância de colocá-lo na prática, fazendo dos funcionários os verdadeiros multiplicadores da missão, da visão e dos valores. Pois bem, a comunicação será a responsável por fazer disso mais do que uma mensagem inspiradora divulgada pela empresa. Não adianta nada ter um MVV bem estruturado se os comunicados são uma verdadeira contradição em relação àquilo em que você diz acreditar. Se a companhia afirma que é eficiente e simples, precisa se comunicar dessa maneira. Se ela se orgulha de ser parceira de seus clientes, precisa se relacionar com eles dessa forma. A comunicação põe à prova o MVV e, quando bem executada, corrobora tudo o que ele diz.

## 2.4. PLANEJAMENTO

Certa vez, a ex-presidente Dilma Rousseff, em visita às obras de transposição do Rio São Francisco, proferiu a seguinte frase: "Só não atrasa obra quem não faz." Apesar de famosa pelas gafes nos discursos, fiquei me perguntando se a fala não seria reflexo de uma verdadeira cultura de descrença acerca da prática do planejamento em nosso país. Acredito que nenhuma empresa daria o braço a torcer e confessaria não fazer o planejamento de seus projetos, mas aposto que poucas conseguiriam comprovar a efetividade daquilo que colocam em suas planilhas.

A cultura do planejamento tem mudado muito ao longo dos anos porque as empresas precisam, cada vez mais, tomar decisões de grande impacto rapidamente, com margens de lucro apertadas e de forma transparente com os clientes e fornecedores. Uma organização que quer multiplicar o número de clientes ou projetos dentro do portfólio precisa difundir e implantar esse planejamento com informações sobre custos, prazos, riscos e outros fatores essenciais, levando sempre em conta as ferramentas sobre as quais comentamos anteriormente: a comunicação, o MVV e, sobretudo, o diagnóstico.

É certo que em todo projeto ocorrem desvios, sejam eles positivos ou negativos, mas isso não invalida a necessidade de manter controle sobre o escopo, o prazo e os demais indicadores. Mas controlar com referência em quê? A maioria das empresas fracassa com seus clientes por não ter uma visão realista de quanto vai custar, quanto tempo vai demorar para entregar e de quantos recursos precisará.

**Existem duas desculpas muito comuns para a falta de planejamento dentro de uma empresa. A primeira delas é a de que planejar significa prever o futuro, uma tarefa que, vamos combinar, pode ser impossível.** Ninguém poderia imaginar, por exemplo, que um dia a seleção brasileira perderia a Copa do Mundo de 2014 para a Alemanha pelo humilhante placar de 7 a 1. Ou ainda, quem poderia imaginar que o milionário Donald Trump se tornaria presidente dos Estados Unidos? A vida e o mundo vivem nos pregando peças como essas, mas se seguirmos essa lógica, planejar perderá o sentido.

**Outras pessoas dão a desculpa de que nosso país é muito complicado, pois a qualquer hora o Governo pode interferir nos projetos da empresa, seja por uma nova tributação, uma política cambial ou até mudanças na legislação.** Voltando à discussão sobre burocracia, temos considerado esse fator um conceito fundamental desde o início, e ele tem que ser levado em conta no planejamento.

De uma forma ou de outra, todos nós nos planejamos no dia a dia se queremos manter um mínimo de organização em nossas atividades. Se você perguntar para aquela famosa figura do *coach*, ele vai te aconselhar a ter uma lista de atividades por ordem de prioridade para ter uma produtividade maior. Não tem muito segredo nisso.

Falando em prioridade, acredito que toquei neste momento na palavra-chave quando o assunto é planejamento. Prioridade é uma palavra usada há séculos, mas até muito recentemente era utilizada apenas no singular. Em sua semântica, só fazia sentido a prioridade ser única. Mas a vida contemporânea deu um novo uso ao termo, e hoje podemos usá-la no plural, mas com parcimônia. Afinal, se são muitas, não são prioritárias.

É nesse sentido que o planejamento da empresa tem que funcionar, nas prioridades. Neste momento a tarefa já é bem mais fácil pois você já realizou o diagnóstico. É a partir dele que serão definidas as maiores urgências da empresa, e então vai se criando um plano de ação.

Planejar é, em grande parte, alocar recursos, e essa decisão deve vir de uma discussão bem madura e embasada entre os líderes e seu conselho consultivo. Em um mundo VICA (volátil, incerto, complexo e ambíguo), todo recurso é precioso. Mas não é muito raro ver empresas que utilizam ferramentas da moda para planejar seus planos de ação. Vou citar uma que está fazendo muito sucesso: o *Design Thinking*.

Essa metodologia consiste em trazer conceitos do *design* para o planejamento estratégico, com a construção de mapas mentais, grupos focais e recursos visuais de impacto. Pode-se dizer que o *design* ganhou significação e importância no mundo desde que Steve Jobs revolucionou o mercado de tecnologia com os produtos da Apple. Talvez por isso, tudo o que respira *design* hoje tem uma audiência calorosa.

Existem inúmeras maneiras de aplicar uma oficina de *Design Thinking* dentro das empresas, mas, em resumo, os colaboradores se reúnem em torno dessas ferramentas com um propósito e o desafio de sugerir ações de mudança, melhoria e inovação. Não me entenda mal: existem empresas fazendo realmente coisas fantásticas. Mas me pergunto se não seria um equívoco trazer um funcionário de dentro da organização para o nível estratégico em um momento em que ela luta para manter suas operações a pleno vapor.

Esse receio vem do fato de o colaborador da linha de frente estar contaminado pela visão da realidade em que vive, em seu departamento, no cotidiano, atento somente às necessidades da área em que trabalha. Essa pessoa, na maioria das vezes, não tem visão do conjunto. Então, se você colocar em uma discussão de grupo quais são as prioridades da empresa para elaborar os planos de ação, pode ser que o resultado seja uma necessidade muito grande de implementar recursos no SAC. Mas essa resposta talvez tenha surgido porque os funcionários dessa área de atendimento estiveram mais presentes ou conseguiram se expressar melhor por meio dessa metodologia. Porém, o diagnóstico dessa empresa pode, na verdade, estar apontando para outro problema completamente diferente, como a inadimplência, por exemplo.

Ou seja, por estar fazendo um planejamento de maneira equivocada, a empresa está investindo recursos naquele momento em algo que não é prioridade. E não estou botando a culpa no *Design Thinking* ou em qualquer outra ferramenta. O principal erro está no conceito, no momento e na decisão de usar. Planejar está no nível estratégico. Inovar na gestão do cotidiano é papel das táticas. Essas sim devem ser utilizadas quantas vezes for necessário para implementar melhorias nos processos. Planejamento e tática são coisas distintas e não devem ser confundidos. Acontece que, muitas vezes, o empresário em desespero parte para consultorias, ferramentas inovadoras e ideias mirabolantes quando, na verdade, falta fazer o dever de casa e elaborar dentro de seu conselho uma estratégia vencedora.

Um grande erro conceitual que as empresas cometem, por exemplo, é querer financiar seus projetos com o fluxo de caixa. Funciona mais ou menos assim: se o projeto custa R$ 48,00 ao ano, significa que é possível tirar R$ 4,00 do fluxo de caixa por mês e o projeto estará pago. Mas isso tende a fracassar, principalmente se o projeto estourar o prazo ou tiver alterações no escopo.

## SEM PLANEJAR O AVIÃO NÃO DECOLA

O tempo, conforme falamos, tem impacto no custo fixo, começa a consumir o lucro e a endividar a empresa. Há ainda uma série de fatores que podem dar errado e atrasar um projeto: burocracia, falha do fornecedor, baixas na equipe, enfim, fatores imprevisíveis. Tentar financiar tudo isso com o fluxo de caixa tende a fracassar.

Então, qual é a melhor proposta? Se meu projeto custa R$ 48,00, só vou iniciá-lo daqui a um ano, quando tiver esses recursos separados para esse projeto. E o que eu vejo também são muitas empresas sistematicamente jogando dinheiro fora porque não conseguem se comprometer em um orçamento do início ao fim. Logo, você deve ainda se comprometer a fazer um caixa por mês, porque vai surgir um monte de imprevistos. A maioria dos projetos termina porque o fluxo de caixa não suporta o orçamento e também seus imprevistos.

Não é raro os projetos sofrerem desvios de 20 ou 25% no prazo ou custo. Simular cenários futuros faz parte do processo de planejamento. Já na elaboração do *baseline*, com base no qual você vai monitorar seu projeto, devemos considerar todos os problemas que possam vir a acontecer e verificar, no mínimo, seus impactos no fluxo de caixa, prazo e eventual redução da taxa de retorno.

Isso exige tempo, experiência e conhecimento do gestor. Mas ninguém quer "perder" esse tempo. Como consequência, perde-se dinheiro ao longo da execução, pois não se pensou na melhor solução caso esses problemas se efetivem. Sem uma linha de base e sem metas não há controle. Se eu não tenho como comparar o que deveria ter feito com o que realmente fiz a cada momento, não tenho como aferir se fiz a mais ou a menos. Acabo fazendo apenas o que aparecer, o que é mais fácil, o que é mais rápido ou, muitas vezes, o que é mais caro.

É como um avião sem um plano de voo, em que cada tripulante decide após a decolagem que deseja ir para um local. Ou seja, o avião pode parar em qualquer lugar, passar por uma cidade e depois ter que voltar. Essa viagem pode até entregar cada um no seu destino, mas a um custo maior, demorando mais e o pior: correndo um risco altíssimo.

## 2.5. EXECUÇÃO

Como já deu para perceber, eu gosto muito de contar histórias e acredito que elas conseguem transmitir algumas lições importantes. São aqueles aprendizados que só são percebidos quando olhamos para trás a fim de refletir melhor sobre as situações extraordinárias que acontecem em nossa vida, mas, no momento em que estão acontecendo, nem nos damos conta.

Era o ano de 1998. Minha querida vovó, Rachel Schnaider, estava comemorando o aniversário de 85 anos em Rechovot (cidade em Israel) com os familiares. A festa acabou quando minha *bába* (avó em *yidish*) tropeçou em um buraco na calçada. Ela quebrou a perna em cinco partes diferentes.

Cheguei em choque ao hospital. O que era para ser um dia cheio de felicidade virou um pesadelo. Ao conversar com a equipe médica, fui informado de que a sra. Rachel — como as pessoas a chamavam — não tinha feito um seguro de saúde internacional antes da viagem.

O custo para realizar a cirurgia em Israel com os nossos próprios recursos seria de aproximadamente 250 mil dólares, e nós não tínhamos como conseguir todo esse dinheiro. A alternativa seria colocá-la em um voo de volta ao Brasil para realizar a cirurgia lá, onde ela tinha plano de saúde. Mas havia um agravante. O médico me informou que, se não fosse possível realizar a operação em 48 horas, ela possivelmente não voltaria mais a caminhar.

Não havia nenhum outro familiar que pudesse levar minha vó em segurança para o Brasil. Ela só podia contar comigo. Era a minha vez de fazer algo por aquela grande mulher, que foi sempre um símbolo de amor, carinho, determinação e de um humor que botaria Jerry Seinfeld para fazer a lição de casa.

Quando comecei a organizar na minha cabeça o tamanho do desafio que tinha pela frente, o médico pediu minha atenção para me ensinar a aplicar injeções periódicas de remédio na barriga da minha avó. Só que a injeção era o menor dos meus problemas.

Meu passaporte estava vencido e eu nem sabia onde ele estava. Era um sábado e eu provavelmente não conseguiria renovar o documento. Além disso, eu era militar na época e não tinha autorização para sair do país. Sem contar que eu era bem jovem e tinha acabado de começar um relacionamento. Fiquei com medo de a minha namorada ficar furiosa, não acreditar nessa história mirabolante que terminaria em um fim de semana no Brasil e eu mesmo ir parar na UTI.

Depois de dar um beijo e um abraço na minha avó e assegurá-la de que tudo se resolveria rapidamente, um amigo da família tentou me avisar: "Daniel, meu filho, você tem que ser realista. Você nunca vai conseguir levar a sua avó a tempo para a mesa de cirurgia." Depois de agradecer as sábias palavras dele, fui ao que interessa: "Missão salvar a minha avó."

Cheguei ao meu apartamento e, depois de revirar tudo, consegui encontrar meu passaporte. Fui direto para o aeroporto, onde havia uma unidade emergencial do Ministério do Interior que emitia os passaportes. Infelizmente, já estava fechada e ninguém poderia me ajudar. Depois de explicar em detalhes a urgência da situação, consegui receber um visto que me autorizaria viajar por cinco dias. Isso era exatamente o que eu precisava.

Próxima etapa, convencer o Exército. Depois de conseguir o número da representante de recursos humanos da minha unidade, liguei para o que aparentava ser o telefone da casa dela. Mas era fim de semana:

"Alô, eu gostaria de falar com a sargento."

"Quem é?"

"Meu nome é Daniel. Faço parte da mesma unidade dela e tenho uma situação emergencial que requer a intervenção dela."

"Quem você acha que é para ligar para a nossa casa no fim de semana? Eu sou a mãe dela, esta é uma casa de família. Até para o Exército tem limites. Você não pode ficar ligando para casa das pessoas no fim de semana. Minha filha trabalha muito duro durante a semana. Ela também merece e precisa de tempo para descansar e estar com família. Não vou admitir esse tipo de atitude como a sua e a da sua unidade, que acha que tudo é sempre urgente e importante."

"Senhora, eu entendo e concordo com a sua posição. Peço desculpas por estar incomodando a sua família no fim de semana, que de fato é sagrado. Mas você permitiria apenas que a sua filha falasse comigo para julgar se ela entende o caso como urgente ou não?"

Consegui, finalmente, falar com a sargento. Agora era esperar a autorização do Exército. Para não perder tempo, fui para o hospital a fim de buscar minha avó. Por intermédio da minha irmã, conseguimos localizar um voo para o Brasil via Frankfurt. Seria uma viagem para a Alemanha de cinco horas, com mais cinco horas para conexão em Frankfurt, e outras 12 horas de viagem a São Paulo.

Ao chegar do hospital ao aeroporto, fomos comprar a passagem, mas a companhia aérea se recusou a vender, considerando a situação da sra. Rachel. Se não conseguíssemos entrar naquele voo, meu projeto fracassaria.

Ligamos para o médico. Já era noite, e imploramos para que ele escrevesse uma autorização para a viagem da minha avó. É claro que ele teria que encontrar um fax para enviar o pedido para a empresa aérea.

Chegada a autorização, a representante do RH me avisou de que o coronel gostaria de conversar comigo pessoalmente antes da minha viagem. Respondi que, se essa é a condição imposta, eu pretendia viajar sem autorização militar e que entendia que seria preso na volta. Pedi a ela que apenas me prendessem na volta.

Desliguei o celular e fui fazer o check-in, sem saber se iria conseguir passar pelo embarque. Levando minha avó na cadeira de rodas, os militares me chamaram. "Você é Daniel Schnaider?"; "Sim, sou eu."; "Aqui está a sua autorização. Você pode embarcar e tem 48 horas para estar de volta." Pela expressão deles, claramente eu seria preso quando retornasse.

Dentro do avião, minha avó não conseguia se sentar na classe econômica, pois sua perna precisava ficar na horizontal. Por sorte, ou por gentileza do comissário de bordo, nunca vou saber, nos permitiram passar para a executiva, onde ela poderia esticar a perna.

Ao decolar, perguntei à aeromoça se algum dos tripulantes tinha treinamento de primeiros socorros. Ao ser questionado pelos motivos de minha pergunta, expliquei que teria que dar uma injeção na barriga da minha avó e essa seria a primeira vez que o estava fazendo. Acabou vindo toda a equipe para olhar, como se fossem estudantes curiosos, para aprender a dar uma injeção na barriga de uma idosa. Tirando o grito de dor da sra. Rachel, tudo parece ter transcorrido conforme o planejado.

Chegamos no Brasil 22 horas depois da decolagem, 46 horas depois do acidente, e ainda houve tempo para fazer a cirurgia, que só ocorreu porque meu primo médico entrou no centro cirúrgico como assistente. No final, não fui preso, mas tive que escutar piadas dos superiores: "Você quebrou as pernas da sua avó para poder tirar férias de uma semana no exterior." A namorada acreditou depois que voltei e contei a história na sala de jantar, em detalhes, para toda a família dela. Minha amada avó voltou a caminhar e assim continuou até seu último dia de vida, dez anos depois.

## Senso de urgência, estratégia e sorte

Hoje, passados quase vinte anos, lembro dessa história cada vez que tenho que falar sobre execução empresarial. Mas por quê? Analisando bem a minha experiência, o final feliz só foi possível porque consegui atender a alguns pré-requisitos para executar a missão.

Primeiro, ter claro qual era o objetivo. Olhando para trás, nós não ficamos pensando em maneiras alternativas de conseguir fazer a cirurgia em Israel. A ideia de levar uma idosa seriamente machucada em um voo extenuante para o Brasil, apesar de maluca à primeira vista, sempre foi nosso plano A. Foi uma decisão rápida que tivemos que tomar.

Depois, eu tinha que desenhar um plano. Era muita coisa para fazer em pouco tempo. Então, ainda que na minha própria cabeça, tracei de forma clara os pontos que não podiam falhar. Formatei o meu caminho crítico e os seus *milestones*: imigração, Exército, médico, aeroporto.

Uma terceira lição que acredito que se pode tirar dessa história é que eu percebi dentro de mim um senso interno de missão e de urgência. Percebi que só eu poderia ajudar minha avó naquele momento. Quando uma empresa está passando por uma fase ruim, o empresário tem que sentir o peso desse compromisso. Tem que entender que, se não entrar em ação, ninguém vai fazer isso por ele.

Também tive que manter o foco. Pode parecer clichê, mas foquei na prioridade. Não avisar a namorada era um problema, mas poderia ser uma distração. Me recusar a falar com meus superiores pessoalmente foi um risco, mas iria me atrasar muito no meu objetivo final.

Acho que outro fator importante é que pessoas que não conseguem visualizar o projeto como um todo vão tentar te derrubar de alguma forma. Você se lembra do amigo da minha família que tentou me contaminar com sua desconfiança, me falando que eu jamais conseguiria levar minha avó para o Brasil? Pois é, mesmo sem querer, ou até querendo o seu bem, as pessoas têm suas próprias razões para tentar você desistir dos seus objetivos. O importante é não se deixar levar, é seguir em frente, sem olhar para trás.

Eu quero tocar em um assunto que as pessoas geralmente não levam em conta no mundo empresarial: a sorte. Ela faz parte do ecossistema tanto quanto o azar. Pense nas inúmeras desventuras que aconteceram nessa história. Tinha tudo para dar errado. Mas também muita coisa deu certo. No mundo dos negócios é igual. Muita coisa vai dar errado e você não vai conseguir explicar. Mas muito também vai dar certo.

E, por último, mas não menos importante, o fracasso não é uma opção. Nunca, em momento algum, cogitei a possibilidade de minha avó não voltar a andar. **Temos que ser movidos por uma força que simplesmente não nos deixe hesitar.** Essa é uma regra essencial para conseguirmos executar nossos projetos com sucesso.

## 2.6. MONITORAMENTO

O processo de enriquecer, com base em informações e fatos, as tomadas de decisão dentro de uma empresa é o monitoramento. Trata-se de finalmente substituir o achismo por dados concretos, de modo a orientar a gestão de maneira mais objetiva. São números, gráficos, índices, notícias, enfim, qualquer informação com base em evidências fundamentadas e que têm influência na empresa, podendo mudar a forma como as decisões devem ser tomadas.

**A fase de monitoramento tem a ver com analisar a diferença entre o que foi planejado e o que está sendo executado.** Naturalmente, sempre há divergências. A pergunta de ouro é: por que isso está acontecendo e o que pode ser feito para melhorar? Esse processo aborda tanto variáveis exógenas — externas à realidade da empresa, como juros, dólar ou inflação, por exemplo – como as endógenas — que remetem a fatores internos: satisfação dos clientes, atendimentos realizados por hora, relação receita versus faturamento etc.

Todas essas informações são fundamentais para tomar decisões em três níveis: operacionais, táticos e estratégicos. **Quando falamos em operacional, estamos nos referindo àquelas decisões mais básicas do dia a dia, por exemplo, se há necessidade de comprar mais insumos ou criar um novo turno na escala para atender a uma grande demanda.** Já as decisões táticas agem no gerenciamento de base, ou seja, **tentam entender onde estão as oportunidades e erros, por que estão acontecendo e de que maneira devem ser tratados.** Por exemplo, detectar se a necessidade de comprar mais insumos está ocorrendo por conta de desperdícios ou se as horas extras pagas aos funcionários no turno a mais podem estar comprometendo as finanças da empresa.

Percebe-se que são decisões de curto prazo. **Já o monitoramento dos indicadores que levam ao acompanhamento da estratégia são, geralmente, mais complexos, pois levam em conta um futuro mais distante.** Aqui é importante ficar bem claro que verificar a eficácia de uma estratégia é checar se ela realmente está contribuindo para o alcance do MVV da empresa. Muito mais do que isso: certificar-se de que a organização está no caminho certo, mas não vai padecer no meio por falta de fluxo de caixa. É como uma longa viagem: de nada adianta estar seguindo na direção correta se o combustível acabar no meio da jornada.

## Transforme tudo em números

Quando falamos em tomar decisões objetivas, isso pode gerar, muitas vezes, dúvidas na cabeça dos empresários sobre como criar métricas confiáveis para avaliar o andamento da empresa. O segredo aqui, eu diria, é transformar tudo em números. Se uma pesquisa de satisfação pode parecer muito subjetiva, muito calcada na opinião pessoal de cada um, o ideal seria aplicar um questionário para uma centena de respondentes e tabular as respostas. Afinal, o que uma pessoa pensa pode ser um vício ou uma visão limitada. Mas se pelo menos algumas dezenas de pessoas estão dizendo que algo não está bom, você tem um forte indicativo sobre a necessidade de mudança.

Esse indicativo é o que chamamos de índice. Trata-se de uma fórmula matemática que integra valores calculados, da mesma ou de diferentes fontes, de forma a simplificar a análise. O índice da inflação, por exemplo, nos ajuda a ter uma percepção sobre os preços. Mas, se dizemos que a inflação é de 10% ao ano, isso não significa que os preços de todos os produtos subiram na mesma proporção. Ele é um índice, um cálculo médio dentre alguns produtos que sobem mais e outros menos. Esse número ajuda e simplifica a tomada de decisão, e isso acontece porque, muitas vezes, há excesso de informação. Imagine se tivéssemos que analisar a flutuação do preço de cada um dos produtos que consumimos para tomar uma decisão. Seria impraticável. Então, o que fazemos é selecionar uma parte e transformar isso em indicadores que permitem entender de forma mais clara se está indo bem ou mal, se está indo na direção certa.

Outro ponto importante do monitoramento é que ele permite um controle maior sobre a geração de novos negócios. É importante ver o que foi realizado no último mês, o que há por vir (se é só um lead ou já está qualificado) e quanto ainda é necessário entrar. No setor de tecnologia, sobretudo, muitas empresas deixam os usuários desfrutarem de um período de uso gratuito dos softwares, geralmente são 30 dias de graça. Nos Estados Unidos, por exemplo, você pode comprar uma roupa e devolver em até duas semanas. Faz parte de uma questão de teste de satisfação.

Isso não tem a ver com o bom coração das empresas. Existe uma parte muito ligada ao monitoramento de novos negócios nessa estratégia, o que permite às organizações criar um parâmetro. Elas sabem quantas pessoas tentaram usar seu produto e quantas dessas efetivamente fecharam o negócio. Suponhamos que sejam 2%.

Essa margem é um indicador de quantas futuras vendas você vai ter em um próximo ciclo. É um olhar para o futuro de forma mais sustentada. No entanto muitas pessoas olham para um dado como esse, mas não sabem o que fazer com ele. Por exemplo, as empresas de consultoria em RH e contabilidade. É aqui que a minha insistência em ter uma visão holística sobre a empresa se sustenta.

As consultorias fazem, muitas vezes, projetos para medir a satisfação do cliente e cruzam com o faturamento da empresa. Ou seja, elas monitoram a coisa certa, mas não sabem o que fazer com isso. Fazem mais ainda: medem a satisfação dos colaboradores e mostram para a diretoria. Afinal, é possível fazer um link entre essas variáveis. Afinal, funcionários felizes fazem clientes satisfeitos, que, consequentemente, compram mais. Então, as pessoas monitoram, mas não entendem a transversalidade dessa matéria. Elas fazem a pesquisa, como se ela fosse o objetivo por si só.

O objetivo da empresa não é saber o nível de satisfação — se é 6,5, por exemplo — e depois colocar uma meta para melhorar para 7. Não é esse o ponto. O que a empresa quer é vender mais, aumentar o faturamento. A questão é de que maneira usar os dados obtidos para melhorar suas receitas no futuro. O problema é que as pesquisas geralmente ficam no RH ou no financeiro, no máximo em alguma apresentação para os diretores. Os departamentos geralmente não se falam e não entendem um ao outro.

O marketing, o SAC, as gerências, nunca vão conhecer esses dados e jamais será feito nada para mudar isso. O financeiro se mata para entender se vai ter fluxo de caixa no futuro para pagar as contas quando, na verdade, a informação está lá, só que os departamentos não se conversam.

Acredite, isso acontece muito. Vamos a outro exemplo. Um funcionário do SAC que recebe muitas reclamações e dá uma noção de monitoramento errado. Geralmente, olha-se o número de erros e não a proporção em relação ao número de reclamações total. Então, imagine que haja reclamações em 5% de 100 ligações. Já o atendente vizinho só recebe 20 ligações, mas tem apenas 2,5% de *feedback* negativo. Então, para fazer uma análise justa, seria preciso comparar em uma mesma base. Você tem que multiplicar por 5 — dando 12,5% —, ou seja, ele erra mais do que o dobro do colega que faz 100 ligações, além de ser menos eficiente.

Esse tipo de erro não fica restrito ao SAC. Na área de crédito, por exemplo, a empresa verifica a probabilidade de inadimplência. Leva-se em conta a taxa de 30% e o crédito é aprovado. É algo teoricamente correto, afinal se trata de um cálculo que utiliza diversas variáveis: tamanho da empresa, quantidade de ativos, comportamento com outros fornecedores, informações de outros bancos etc. Mas as empresas, na maioria das vezes, ou não fazem nada com essas informações ou as utilizam errado.

Por exemplo, temos um cliente com taxa de 30% de inadimplência e que teve seu financiamento aprovado. Lembrando que crédito é um recurso finito, sua empresa deve escolher, pois não pode conceder todas as vezes que aparecer um comprador interessado. De repente chega um cliente que tem 15% de probabilidade de ficar inadimplente e precisa desse mesmo crédito, mas você não tem mais porque forneceu para aquele de 30%.

Então, essa empresa perdeu a chance de diminuir pela metade o risco porque não soube analisar as variáveis. Um monitoramento correto levaria em conta todos os pedidos de compra e analisaria do ponto de vista da empresa — do *pipeline* de vendas. Os clientes que têm menor chance de inadimplência ganham a preferência. Isso quer dizer usar seu crédito de forma inteligente. Para fazer isso, a organização teve apenas que considerar dados que, muitas vezes, já estão à disposição.

Vejamos agora o RH. O analista faz uma entrevista e seleciona os três candidatos que acredita serem os mais relevantes. Chega o dono da empresa, entrevista o primeiro e fecha com ele. Muito comum: o executivo quer tirar o problema da frente. Mas espera lá: ele recebeu o seu indicador, sabia que teria três pessoas que deveriam ser avaliadas para definir qual delas seria a melhor. Mesmo assim, ele simplesmente ignorou os indicadores, sendo que talvez as outras duas fossem ainda melhores do que aquela primeira.

Um tipo de empresa que deve ficar muito atento ao monitoramento é aquela que trabalha com importação ou exportação. Uma grande parte da estratégia dessa organização se baseia no valor do dólar. A taxa de câmbio em relação ao real pode tornar esse negócio irrelevante, deixar o produto muito caro diante de uma produção nacional, se não for trabalhada corretamente. Pode parecer incrível, muitos ainda ignoram essa variável. E veja que o monitoramento é público, todos os dias é noticiada a flutuação do câmbio. Mas os empresários, de modo geral, não usam isso em seu favor. Pelo contrário: esperam o problema chegar para resolver. As pessoas pensam que sempre será possível solucionar quando, na verdade, na maioria das vezes, quando o problema chegar, já é tarde demais.

## Tudo começa pelo líder

Outro ponto importante é que o monitoramento, quando bem interpretado, deve apontar para as soluções. Uma delas é a visão holística — os dados permitem a um líder ter uma visão global e transversal da empresa, podendo agir, enxergar essas oportunidades e montar grupos de trabalho. Um passo além é criar uma cultura do monitoramento, fazendo dos próprios colaboradores pessoas que vislumbram um futuro comum. Nesse contexto, as pessoas conseguem ver um problema, definir uma solução e apresentar para a diretoria. Elas podem chegar e dizer: "Olha, a gente conversou e há sustentação para acreditar que, se a gente mensurar a satisfação do colaborador, mais tarde vai conseguir medir melhor o significado na satisfação do cliente e na receita futura. É um projeto importante e nós queremos a autorização."

Olhando assim, esse modelo descentralizado e até invertido parece meio distante. Mas o primeiro passo para isso se baseia na ideia de que é mais fácil mudar uma pessoa do que uma organização inteira. Então, o primeiro passo é uma mudança no comportamento da liderança, de quem está no topo da pirâmide para que essa pessoa consiga olhar as oportunidades. Depois, trabalhar no projeto, que pode demorar alguns anos, de tentar adaptar a cultura da empresa para algo mais colaborativo, em que as pessoas tenham mais facilidade de cooperar uma com a outra

Dentro de suas limitações, pode ser que você chegue para o cara do marketing e ele diga que está no meio de uma campanha e não tem tempo. Então, você tem que saber criar, entender como esses conflitos de interesses internos se resolvem para o bem da organização. Vai depender muito de cada empresa. Não existe uma resposta simples.

O que pessoas querem o tempo inteiro é uma fórmula. O problema é que você procura a solução de um problema que ainda não foi diagnosticado em sua amplitude. Quase todo o esforço é na solução, nunca ninguém para a fim de analisar o problema. Você tem que ter uma medida mínima, verificar como ela atende e criar uma solução *tailormade*. É por isso que as pessoas se irritam: porque elas acham que se enxergarem um método vão conseguir solucionar. Elas querem entrar no mundo das *commodities*, mas os negócios requerem mais flexibilidade.

## 2.7 AJUSTES

Suponhamos que você tenha um *mailing*, de mais ou menos um milhão de pessoas, para o qual envia semanalmente um e-mail marketing com ofertas exclusivas dos seus produtos. A sua empresa foi precursora no ramo e, com essa estratégia, conquistou certa receita. Com o tempo, o valor revertido começa a cair. Ou seja, o alcance e a capacidade do mailing estão diminuindo.

Isso aconteceu porque outros concorrentes também enxergaram o potencial do e-mail marketing, as pessoas começaram a ser bombardeadas com mensagens e a clicar menos nas promoções que a sua empresa envia. Ou seja, a prática do envio de e-mail marketing se tornou comum no mercado e todos começaram a fazer mais ou menos a mesma coisa.

Outro exemplo é o Google AdWords. Vamos imaginar que o produto da sua empresa seja feito de polietileno e que você contrate o serviço para que, toda vez que algum internauta digitar a palavra no buscador, seja direcionada para o site da sua empresa. No começo as pessoas clicavam e compravam, mas os concorrentes também entraram na jogada e as receitas começaram a diminuir.

Por que estou dando esses exemplos? Acontece que cada atitude que você assume e dá certo, uma vez que as outras empresas também começam a fazer, param de surtir tanto efeito. Ocorre aí o que chamamos de um processo de "commoditização". Isso significa que, inevitavelmente, com o tempo, você vai ter que se adaptar à realidade de que sua metodologia não está mais surtindo efeito e se convencer da necessidade de mudança. Qualquer boa estratégia é ajustada com o tempo, porque a tecnologia e o mercado ditam isso. O monitoramento percebe isso, mas é na etapa de ajustes que a mudança acontece.

O ser humano tem muito medo da mudança. Em todos os estudos de economia comportamental fica óbvio que o ser humano é avesso ao risco, a ambiguidades. Quando ele não sabe nem calcular o risco, então, há um medo maior ainda de entrar em uma situação que não compreende. Ainda assim, uma fase de ajustes é natural à empresa e tem que vir não de maneira momentânea, mas sim surgir de uma cultura de mudanças contínuas.

Algumas gigantes, no passado, nos deram exemplos sobre a importância de se ajustar à realidade do mercado. Se há uma mudança muito forte, esse é um indicativo de que novos caminhos precisam ser trilhados. Ou seja, é necessário um novo posicionamento para a marca. Veja o caso das antigas câmeras Polaroid, que imprimiam as fotos instantaneamente. Os equipamentos em si eram muito baratos, subsidiados pela empresa, cujo modelo de negócios focava em lucrar na venda de filmes e papel fotográfico. Chegaram as câmeras digitais e a empresa não conseguiu se manter. A Kodak, que foi quem trouxe as câmeras digitais ao mercado, não se adaptou à própria invenção. Isso tudo é resultado da falta de acompanhamento do mercado.

Agora, percebemos que as grandes empresas, principalmente as de tecnologia, estão mais preocupadas com as rápidas mudanças nos hábitos de consumo. A Fuji, por exemplo, aproveitou sua expertise em filme e fotografia e conquistou seu espaço na área de saúde, desenvolvendo soluções para exames de imagem. O próprio Google percebe que a pesquisa por voz é a nova tendência e não tem medo de investir nesse nicho. Eles não pensam que isso pode ser perigoso para o modelo de negócio deles, já que, uma vez que as pesquisas forem feitas por voz, as pessoas não necessariamente serão expostas aos anúncios, que são a grande fonte de renda da empresa. Pelo contrário, eles estudam um modelo de negócio e investem em pesquisas para se adaptar a essa nova realidade, o que mostra que os gestores dessas empresas não têm medo de arriscar, de mudar. O pensamento é: se não fizerem, o próximo concorrente fará.

Tudo evolui em ciclos e de maneira muito rápida. Há não muito tempo, fazer comercial na televisão era o que havia de mais garantido para o sucesso de uma campanha publicitária. Então, veio a web, com um alcance fantástico e por um custo bem menor. Os atrasados que só agora estão desenvolvendo um site já estão vendo os concorrentes venderem por WhatsApp e Instagram. Os canais vão mudando mais rápido do que as empresas conseguem acompanhar. Demitir uma agência de publicidade e contratar um desenvolvedor web não é uma decisão que ocorre do dia para a noite. O processo de ajuste nas empresas é burocrático, e, na maior parte das vezes, os profissionais não estão preparados.

**Mas por que o processo de ajuste precisa acontecer? Porque toda hora surge uma nova tendência que todos querem seguir, mas não há espaço para todo mundo ter sucesso.** Tudo faz parte de uma grande concorrência. Só os que melhor se adaptarem vão continuar. É como a disputa pela audiência na televisão: não tem como todos os canais serem um sucesso. Não funciona dessa forma.

Se hoje todo mundo usa o WhatsApp para se comunicar, poucos vão lembrar que, no início, essa não era a única, tampouco a melhor, ferramenta de envio de textos pela rede. O Viber era um grande concorrente nesse sentido. Mas quem conseguiu cair nas graças do público foi o WhatsApp. Não havia espaço para dois grandes *players*. As pessoas queriam ter só um aplicativo em seus celulares. Isso provavelmente vai mudar quando uma empresa surgir com outra solução, e, caso o WhatsApp não saiba se reinventar, será substituído por outra aplicação.

Com a sua empresa acontece da mesma forma. Se houver uma grande mudança no mercado ou se o cliente enxergar mais vantagens em algum outro concorrente, o processo de ajuste será essencial para manter as portas abertas. É um processo contínuo de se reinventar e aprender.

Percebo que, atualmente, as empresas que existem há muito tempo, que conseguem prosperar por décadas, como a IBM ou a Unilever, só conseguem se manter no topo porque estão em uma luta constante pela inovação. Elas ouvem os clientes, conseguem se adaptar, contratam novas equipes, lançam novas marcas e almejam novos mercados.

Se você for às grandes lojas de atacado nos Estados Unidos, dessas que sempre se gabaram de oferecer muitos produtos por apenas alguns dólares, vai perceber que a velha ideia de que o mais importante é sempre vender mais barato já não é a principal maneira de conquistar os clientes. Essas lojas já perceberam as mudanças no comportamento dos consumidores e oferecem produtos sem glúten, sem lactose, veganos etc. A velha ideia do preço baixo deixou de ser a regra, e oferecer um produto diferenciado se tornou a nova realidade.

Esses são aspectos que exigem das empresas uma visão dos seus processos, das suas estratégias, das pessoas que trabalham nela. A velocidade das mudanças é cada vez maior, e estamos em um ponto no qual as melhores práticas estão sendo atualizadas a todo momento. Hoje é tudo muito rápido, dinâmico e imprevisível.

# 3

# ECOSSISTEMA

Para entender a composição de um ecossistema de negócios, é necessário compreender o conceito de *stakeholder*. Por muito tempo sobressaiu o entendimento de que os *stakeholders* são as partes interessadas no negócio. Atualmente, porém, essa visão pode ser ampliada para algo bem mais complexo: são todos aqueles em volta da empresa e do empreendedor que têm grande influência ou são influenciados para o sucesso ou o fracasso do negócio. Neste capítulo, vamos debatê-los em cinco macrogrupos: investidores, fornecedores, parceiros, sócios e clientes.

Assim como na natureza, o segredo nesta etapa é enxergar um equilíbrio entre os diferentes grupos pertencentes a esse ecossistema. É muito comum que algum dos atores exerça um excesso de poder sobre os negócios, e isso deve ser evitado. Por exemplo, pode acontecer de algum grande investidor sempre ameaçar retirar todo o dinheiro do negócio caso a empresa não siga as condições dele. Essa espécie de submissão, como se os gestores fossem reféns do investidor, não tem como resultar em uma relação saudável, e o negócio tende a desmoronar.

Não pense que isso acontece somente com investidores. Isso se passa até com os funcionários. Existem empresas em que os processos-chave são dominados por apenas um funcionário, que, por sua vez, se recusa a ensiná-los para outros colegas. Tendo o processo não mapeado como refém, o colaborador começa a impor cada vez mais condições.

Ele começa a enxergar o valor da propriedade intelectual daquele procedimento apenas em favor do crescimento pessoal, e você, como gestor da empresa, se vê diante da necessidade de atender aos pedidos daquele funcionário ou demiti-lo e procurar um processo substituto.

E reféns de clientes, nós podemos ficar? É o que mais acontece. Imagine aquela conta que corresponde a 80% do faturamento da empresa. Se esse cliente começa a dar sinais de insatisfação, o empresário já começa a perder noites de sono. Ou pior: se ele começa a atrasar os pagamentos, todo o fluxo de caixa pode ficar comprometido.

São todas situações em que a empresa foi puxada para baixo porque houve um desequilíbrio em algum dos *stakeholders*, ou seja, em alguma das partes afetadas pelo negócio. Neste capítulo, vamos debater como olhar, um a um, para esses diferentes atores e trazer, por meio de uma visão holística, o equilíbrio desse grande ecossistema.

## 3.1. INVESTIDOR

**Ao longo de minha experiência como consultor, não é muito incomum ver empresas que contam com o apoio de investidores, mas não têm nenhum colaborador cujo trabalho é cuidar desses *stakeholders*.** O restante da empresa está bem estruturado: departamento de marketing, equipe de vendas e CRM. Enfim, há toda uma estrutura montada para atender clientes e fazer a prospecção de novos negócios. Quando se trata de vendas B2B, de empresa para empresa, há um consultor especialista, muito bem capacitado para direcionar especificidades técnicas e compras mais complexas. Quando a questão é B2C, direto para o cliente, existe aquela equipe voraz que não deixa escapar nenhuma venda. Enquanto isso, os investidores ficam à deriva.

Um erro quase obrigatório por parte das empresas pequenas ou médias em reestruturação é ter medo de se relacionar com investidores. Muita gente pensa que isso significa lidar diretamente com a bolsa de valores e que se trata de algo muito complicado e até arriscado. Há toda uma cultura de medo e de afastamento por conta disso. Ou, ainda, quando a pessoa estuda um pouco — e percebe que se relacionar com investidores não necessariamente significa fazer um IPO da empresa —, depara com uma quantidade enorme de termos ainda mais complicados: anjo, *seed, equity, joint venture*. Ou seja, a pessoa tem pouco conhecimento daquilo e se assusta mais ainda com o que na verdade são apenas termos que balizam diferentes modalidades de investimento.

Em contrapartida, hoje acompanhamos o crescimento de várias *startups*. Muitas delas ainda nem estão performando e já conseguem existir porque têm investidores. Funciona mais ou menos assim: enquanto você trabalha com as armas que tem, lutando para conseguir clientes, essas empresas contam com o dinheiro de outras pessoas para chegar aos consumidores com um negócio inovador e já mais bem estruturado. Assim fica difícil competir, concorda?

Agora, vamos supor que, no diagnóstico da sua empresa, chegou-se à conclusão de que é necessário investir em novos nichos, se arriscar em mais mercados. Não há dúvida de que a presença de um investidor nesse cenário é essencial. Pense bem: estamos falando aqui em assumir riscos. Se a ideia for entrar em um novo nicho com dinheiro próprio, quem sabe com o recurso do investidor seja possível estar em cinco novas áreas diferentes em vez de uma. Além de diluir o risco, você está aumentando as chances de dar certo em pelo menos um dos mercados almejados.

O mesmo é válido quando a empresa está tentando acrescentar produtos ao portfólio. Com capital externo é possível aumentar a gama de opções e ainda arriscar oferecer aos clientes alguns produtos ou soluções mais sofisticados. O empresário ganha, com aquele investimento, maior poder de barganha.

Imagine que estejamos enfrentando um caso mais crítico, a estruturação, reestruturação ou recuperação. Muita gente recorre aos bancos, que, além de cobrarem caro pelo crédito, pedem um monte de garantias e aumentam o passivo da sua empresa. Isso porque, ao contrair empréstimos, você está adicionando essa dívida ao balanço contábil e, da próxima vez que precisar de capital, vai estar com as chances ainda mais deterioradas em razão de todo aquele passivo.

O investimento, por outro lado, é um capital que só contribui para a saúde financeira da empresa. Mas, se a pergunta que fica é a porcentagem do negócio que fica nas mãos do investidor, a melhor maneira de encarar é pelo ponto de vista de redução do risco. Como o investidor tem interesse em fazer a empresa dar certo, compartilha a responsabilidade com o sucesso. E não é só isso que ele pode acrescentar.

## Seja confiável

Os mais apaixonados vão dizer que o dinheiro é a forma de capital menos importante que um investidor pode trazer para o seu negócio. Quando ele acrescenta benefícios que, muitas vezes, não são palpáveis, são mais subjetivos, as chances de sucesso do negócio podem ser alavancadas.

Um investidor pode trazer um *networking* que você, como empresário atropelado pela rotina, demoraria uns vinte anos para construir. Ele é capaz de contribuir com ideias inovadoras ou processos que fariam sua vida bem mais fácil, novidades que você nem imaginava que poderiam existir. E mais ainda: um bom investidor traz consigo reputação. Muitos parceiros e clientes podem entrar para o negócio quando há um nome de peso chancelando a empresa.

Isso acontece porque esse é o trabalho do investidor. O dia a dia dele é conhecer empresas e avaliar as que vão trazer o melhor resultado. Quando a sua empresa for analisada, será como um processo de benchmarking, ou seja, o que é praticado dentro da sua organização será comparado com outras dezenas delas. Os que estiverem mais bem preparados vão receber o investimento.

E não podemos esquecer que investimento também tem a ver com confiança. Já comentamos sobre governança, risco e *compliance*. Sabemos que existem dezenas de empresas que aplicam essas práticas por simples e pura necessidade para poder existir, seja por algum marco regulatório ou fiscalização. Mas ser uma empresa íntegra e transparente é um requisito essencial para um investidor se interessar pelo negócio.

Vamos pensar da seguinte maneira: o investidor tem duas opções, uma empresa sem uma política definida de *compliance* e relatórios gerenciais bem duvidosos. A outra deu um login e senha para que ele possa acompanhar em tempo real os resultados da empresa pelo *smartphone*. Qual você acha que será escolhida?

Acontece que o investimento é precedido do que chamamos *due dilligence*, que é conferir toda a papelada da empresa e ver a situação dela em aspectos fiscais, trabalhistas, ambientais e éticos. Ainda mais em um país como o Brasil, em que há uma legislação omissa, o investidor tem muito medo de se ver corresponsabilizado por algum problema que a empresa possa responder na Justiça.

Quer dizer então que, como eu tenho muitos funcionários contratados em regime PJ, nem adianta ir atrás de investidores? Também não funciona assim. Significa que a sua empresa vai perder pontos em relação a outras que estão com as obrigações trabalhistas em dia. Mas pode ser que as outras também tenham problemas mais graves e, ainda assim, você seja escolhido para o investimento.

O fato é que, quanto mais teto de vidro o investidor encontrar na sua empresa, mais poder de barganha ele terá. Mais condições serão impostas e menos dinheiro será aplicado em troca de compensações maiores. Por isso, quando abordamos a necessidade de ser uma empresa que faz a gestão dos recursos com responsabilidade, de forma ética e transparente, encarando a burocracia de maneira positiva, o relacionamento com o investidores é mais um fator que exerce forte influência.

## Lidando com os homens do dinheiro

Outro erro comum é esperar faltar dinheiro para ir atrás de um investidor. Se você precisa de dinheiro do dia para a noite, não está atrás de um fundo de investimento: você precisa de um banco. Isso pode parecer muito confuso, até controverso para muitos. Quer dizer que buscar investidores mesmo quando a empresa está com uma boa saúde financeira é uma boa prática?

Um empresário esperto tem que pensar do ponto de vista do investidor. Ele quer multiplicar esse dinheiro. Investimento foi feito para alçar oportunidades e não para salvar ninguém da falência. Pode parecer óbvio, mas há muita gente ainda financiando projetos inovadores com fluxo de caixa quando poderia estar utilizando essa ótima oportunidade para construir um relacionamento com investidores.

Quer dizer que, se a minha empresa teve lucro líquido de 10 milhões de reais e quer investir em um *spin-off*, por exemplo, o mais correto é guardar essa grana e ir atrás de investidores. A resposta correta é sim. Por todos esses motivos que acabamos de comentar e mais um grande extra: o investidor também pode funcionar como um termômetro de sucesso do seu projeto. Vamos supor que dez investidores foram procurados e resolveram tirar o corpo fora. Algo aí está dizendo para você não entrar nessa empreitada. Os investidores geralmente são pessoas experientes que, diferentemente de você, já devem ter visto situações semelhantes em que não houve sucesso, e estão compartilhando essa experiência.

Outro erro que não dá para admitir é não estudar o investidor antes de se aproximar. Muitos livros de administração falam do bom e velho plano de negócio, aquele mais detalhado possível. Ao longo de tantos anos como consultor, já vi empresas com planos de negócios de apenas uma página receberem aportes de milhões e, em contrapartida, planos extremamente detalhados marinarem na mesa de executivos por meses até terem o investimento negado.

Acontece que quem conhece bem seu investidor e achou a pessoa certa para abordar com uma proposta de investimento sabe que, se aquela pessoa possui um *know-how* compatível com seu negócio, não é necessário se alongar em páginas e páginas com o beabá do mercado. Ele quer, muito pelo contrário, ser surpreendido, conquistado logo de cara e ter nas mãos a chance de provocar uma mudança em um nicho do qual já tem um bom conhecimento.

A tarefa não parece fácil e não é mesmo. Por isso, voltamos ao que discutimos logo no começo deste tópico: a necessidade de ter colaboradores preparados para cuidar do relacionamento com investidores. São pessoas seniores, bem preparadas, que conhecem a realidade da empresa, são comunicativas, bem apresentáveis e capazes de instigar pessoas. Se necessário, recomenda-se até que passem por cursos de oratória e *media trainings* para saber falar bem em público e trabalhar alinhadas com o departamento de relações-públicas.

Outro grande erro é não ter a humildade de reconhecer a influência do investidor do negócio. Conforme foi explicado, eles são geralmente profissionais especializados em fazer dinheiro virar mais dinheiro, carregando consigo uma expertise que um executivo não tem. Pode parecer um clichê, mas costumo dizer que sempre há um porquê de as coisas serem como são. Se hoje temos diferentes papéis, o do empregado, o do gerente, o do empresário e o do investidor, é porque eles são peças de um mesmo jogo, exercendo diferentes funções. Não adianta um empresário achar que tem a capacidade de fazer tudo o que um investidor faz, porque não é esse o caminho. Portanto, uma mensagem importante quando estamos falando de investidores: se a sua empresa ainda não tem uma pessoa preparada e dedicada a lidar com eles, já passou da hora de começar a ter.

## 3.2. FORNECEDORES

O cliente é o elemento mais importante para o empresário que trabalha com a prestação de serviços ou fornecimento de algum insumo. Sobre isso não resta a menor sombra de dúvida. Sem clientes não há empresa. Mas a forma muitas vezes prepotente e prejudicial com que grandes clientes lidam com seus fornecedores deveria ser tema de um debate maior.

Quando falamos em cliente grande, estamos nos referindo ao tamanho do contrato em termos de escopo do objeto e de valores brutos dos pagamentos. Mais importante, estamos falando do impacto (porcentagem) que esse cliente exerce sobre o fluxo de caixa da empresa.

Como já mencionamos, o cliente é, para o fornecedor, mais um *stakeholder* nesse ecossistema, e se deve lutar para que não haja um desequilíbrio da força que ele desempenha na sua empresa. Ter contas-chave que seguram o negócio costuma ocorrer muito com pequenos e médios empresários, mas é extremamente perigoso. Em um mundo ideal, a empresa dilui o risco de atrasos nos pagamentos, reclamações sobre o serviço e ameaças de rescisão se conseguir dividir muito bem suas atividades em clientes variados.

O relacionamento entre cliente e fornecedor pode chegar a patamares bizarros. Quanto mais forte o solicitante, mais humilhante tende a ser a relação. De certa forma, fica parecendo que o cliente está fazendo um favor ou doação e o prestador deve se ajoelhar, beijar seus pés e agradecer a bondade imensa e a oportunidade que lhe foi dada.

Sem querer citar nomes, uma grande marca de bebidas é notoriamente conhecida por levar seus fornecedores à bancarrota. Com pagamentos a crédito, que podem levar pelo menos 150 dias e que algumas vezes atrasam por questões burocráticas, é fácil visualizar o fornecedor perdendo o controle sobre suas finanças.

As empresas deveriam contar com mecanismos para se proteger de situações como essa. É comum, por exemplo, verificar o crédito de potenciais clientes para saber sua idoneidade. Porém, empresas grandes não aparecem como más pagadoras. Elas cumprem, em geral, seus contratos, e definem os termos e condições de pagamento sem que fornecedores pequenos e médios tenham, de fato, força de negociação. As opções são: dizer amém ou abrir mão do cliente.

O problema é que as regras do jogo não são apresentadas no começo, além de muitas vezes não serem públicas ou claras. O fornecedor ingênuo entra em um processo longo e profundo de prover informações sobre a empresa, seus produtos, processos, governança, *compliance* e finanças. Ele participa de dezenas de reuniões, investe tempo e produz uma grande quantidade de documentação, arcando com esses custos na esperança de fechar um bom contrato.

Costumo dizer que a metáfora perfeita para os grandes clientes é a da viúva-negra. Como se sabe, as fêmeas são muito maiores e mais fortes do que os machos de sua espécie. No período de acasalamento, o macho deve tomar uma decisão conflitante: fugir ou seguir o instinto de preservação da espécie, com o grande risco de perder sua própria vida para a parceira.

Quando a empresa descobre e entende as condições vorazes do contrato, enfrenta o dilema do que é mais conhecido como o *sunk-cost* ou "custo afundado". Para entender melhor como isso acontece, é preciso saber que o processo de tomada de decisões do ser humano, apesar de sua capacidade racional, sofre de falhas cognitivas que nos levam a tomar decisões contra nossos próprios interesses.

### Você e ele estão do mesmo lado

Todos os dias somos confrontados com decisões complexas e nos mostramos apenas seres extremamente compulsivos na hora de verdade. O *sunk-cost* é mais uma dessas falhas que mostram que, aparentemente, nosso cérebro ainda está moldado às necessidades de nossos ancestrais. Trata-se do processo de justificar uma decisão no presente com base em um esforço realizado no passado. Seguindo essa lógica, você se confronta com a decisão de vender para um mau cliente porque leva em consideração todo o esforço que já fez nas etapas iniciais, como o fato de que o processo de venda demorou um longo período de tempo e, nesse período, muitas promessas foram feitas. É algo como: "Agora que eu cheguei até aqui, vou até o fim."

Entretanto, muito além de filosofar a respeito da relação entre cliente e fornecedor, a grande contribuição deste tópico é tentar, de forma objetiva, conscientizar o empresário de que o fornecedor não é nosso inimigo. É preciso se perguntar: será, realmente, o interesse de uma grande empresa ver o seu fornecedor quebrar? O baixo custo, ou o parcelamento do pagamento, é sempre mais importante do que ter bons, fiéis e estáveis provedores de bens e serviços?

As perguntas que, do meu ponto de vista são retóricas, seguem. O fornecedor adaptou sistemas, treinou pessoas, estabeleceu procedimentos para poder te atender. Abrir mão dele não geraria um investimento similar para a próxima empresa que for te atender? Esse custo repetido de adaptação não seria, de forma direta ou indireta, repassado para o seu cliente?

Sob uma óptica estratégica, vejo que algumas empresas estão em modo industrial e não fazem uso do componente inovação. Uma vez acompanhei a história de uma gigante fabricante de chips de computador que teve a oportunidade de fechar um contrato com um fornecedor que detém uma importantíssima propriedade intelectual no setor de energia. A grande jogada é que esse fornecedor poderia ensinar como as soluções da empresa poderiam ser adaptadas para funcionar melhor e ser as mais cobiçadas no mercado. Porém, o processo de compra foi tão lento e complexo que, depois de mais de um ano de reuniões, contratos, videoconferências, o fornecedor desistiu do cliente.

Essa mesma situação eu já vi em diversas outras ocasiões e versões. São renomados advogados, arquitetos, consultores, prestadores de serviços e indústrias que escolhem não se meter no jogo das grandes empresas. Mas é preciso entender que, ao puxar o tapete de seus fornecedores, eles também se prejudicam, pois se derrubam junto.

Agora, quando a empresa trabalha em um ramo que tem um leque de opções, de fornecedores brigando para conquistar a assinatura do contrato, tende a partir para a tática de humilhar o fornecedor, de bater até conseguir o menor preço e as melhores condições.

A dica de ouro nesse assunto é que o interessante, na verdade, é fazer o fornecedor virar um parceiro. Trata-se de fazê-lo aprender, adquirir confiança, integrá-lo aos seus sistemas para diminuir o custo, fazer esse fornecedor customizar a prestação do serviço e ter eficiência de escala para melhor atender o cliente.

Veja o exemplo dos grandes *e-commerces* que precisam de empresas parceiras para fazer a logística da entrega dos produtos. É inadmissível que elas tenham uma relação abusiva, pois seus fornecedores têm o contato direto com o consumidor final. Se a empresa espreme e tira todo o lucro desse fornecedor, ele tenderá a contratar funcionários menos capacitados, a investir menos em treinamento, e as chances de ele atender mal o cliente da empresa contratante durante a entrega de algum produto aumentam substancialmente. Isso sem contar que um fornecedor sufocado não vai investir em novas tecnologias, vai ter uma frota com veículos antigos e pode acabar atrasando as entregas ou comprometendo a segurança dos produtos. É um barato que sai muito caro.

Portanto, procure balizar o relacionamento com o fornecedor pela confiança. Tenha a certeza de conhecer a realidade dele, tanto financeira como psicológica. Deve haver um jogo de ganha-ganha para os dois lados. Caso contrário, será preciso trocar de fornecedor a todo momento, e não é isso que o cliente espera. Ele quer continuidade no serviço. Se em uma hora ele é bem atendido e na outra não, ele perde a confiança na sua empresa. E essa continuidade só é possível se você estiver cercado de parcerias mais perenes.

## 3.3. PARCEIROS

Nas épocas de crise, em que a maior parte das empresas entra em contenção de gastos, pode ser bem interessante fechar parcerias no lugar de negociações monetárias usuais. Quando falo em parceiros, me refiro às famosas permutas. Infelizmente essa prática, que antecede até mesmo a existência do papel-moeda, não é mais vista no dia a dia do mundo dos negócios, quando poderia surgir como uma alternativa bastante interessante.

Acredito que, da última vez que a prática ganhou algum destaque nacional, foi quando passamos por um grande período de inflação. Os governos que antecederam o Plano Real tentaram, sem sucesso, aplicar reformas que não conseguiram conter o crescimento inflacionário no país. Deve ser uma época ainda angustiante na memória de qualquer brasileiro, empresário ou consumidor.

Acontece que, naquele período de extrema instabilidade monetária, parecia mais interessante fechar permutas com empresas parceiras para garantir a continuidade da operação do que se aventurar em uma relação normal de compra e venda. Isso ocorria desde o restaurante que anunciava na rádio em troca do almoço dos funcionários da emissora até grandes estabelecimentos que emprestavam seu espaço físico em troca da prestação de serviços.

Importante lembrar que a parceria se refere, necessariamente, a um relacionamento entre iguais. Empresas com igual poder de barganha procurando um equilíbrio, uma relação benéfica para ambos. Então, vale a pena se perguntar: quais seriam as empresas do meu círculo de relacionamento estratégicas para firmarmos parceria? Quais fariam meu negócio crescer? E essa fórmula só vai funcionar, de fato, se você e a outra empresa deixarem de lado a ideia de que é preciso tirar vantagem sobre o outro — e talvez essa seja uma das missões mais difíceis em nosso país.

Mais recentemente, as famosas parcerias ganharam uma repaginada e ficaram muito populares na forma de economia colaborativa. Desse conceito surgiram algumas iniciativas bem interessantes e transformadoras. Por exemplo, a própria ideia dos aplicativos de *marketplace*, em que as pessoas podem compartilhar seus pertences a preços acessíveis. Esse conceito não só uniu quem precisa de uma grana extra como é muito aderente à pegada sustentável que tem permeado o mundo dos negócios.

Hoje em dia, existem *apps* como esses para tudo: carro (Uber, Cabify, 99 Pop), hotel (Airbnb), passando por roupas, instrumentos musicais e até maquinário da construção civil. Também surgiram as feiras e lojas colaborativas, que estão ganhando as grandes cidades dando uma oportunidade para pequenos artesãos exporem seus trabalhos para um público diferenciado.

Na verdade, isso tudo vem de um conceito maior, os negócios em rede. É a ideia de que trabalhar conectado, associado a outros empresários, vai te tornar um ator mais forte no ecossistema. Recentemente dei início a uma experiência bem positiva nesse sentido. Lancei um grupo de empresários chamado Plataforma.

Para explicar melhor essa iniciativa, preciso antes contar algo que era comum em diagnósticos que realizei nas empresas. Isso acontecia comigo na carreira de consultor, que faz parte do mundo dos negócios, mas me chateava bastante. Em muitos anos, passando pelos conselhos consultivos de diversas empresas, à frente de um programa de rádio e, mais recentemente, de televisão, tive contato com centenas ou dezenas de empresários e profissionais do mais alto gabarito em diversas expertises. É um *networking* muito forte. Somente nos programas de TV e rádio, devo ter conversado com centenas de executivos de renome nacional e internacional.

Isso lhe permite ter uma visão ampla do que está acontecendo no mercado, e nem sempre é algo bom. As multinacionais muitas vezes destroem empresas pequenas e médias com seu poder de negociação. Você faz o serviço durante um mês, emite a nota fiscal e recebe o pagamento depois de 150 dias. Se houver uma vírgula errada no processo, é preciso refazer tudo, e você pode perder outros 30, 60 ou até 90 dias. Não quero ofender aqui todas as gigantescas multinacionais; algumas são excelentes parceiras. Mas, infelizmente, vemos mais e mais empresas adotando práticas que prejudicam seus parceiros e fornecedores.

Agora vamos dizer que você queira abrir um restaurante e deseje ter nesse espaço sua própria fabricação de cerveja. Você vai descobrir que precisará pagar muito mais tributos do que empresas grandes e bem estabelecidas.

Então, vamos generalizar: você é um empreendedor, que quer arriscar o seu patrimônio e o de outras pessoas para tentar algo novo, inovador. Se der certo, você terá criado lugares de trabalho, terá pago tributos com os quais se mantêm programas sociais, saúde, educação e segurança, entre outras coisas. Com o lucro, você poderia investir em outras iniciativas, sociais ou não, e, além de tudo, estaria fazendo parte de uma economia dinâmica e competitiva.

Por outro lado, empresas que têm os maiores orçamentos de publicidade e a capacidade de contratar os melhores profissionais conseguem o crédito mais barato do mercado, orçamentos invejáveis de pesquisa e desenvolvimento, os melhores advogados e exercem um poder de *lobby* fantástico perante as agências reguladoras e o Governo.

Não seria minimamente justo que pelo menos os impostos pagos pela empresa pequena fossem mais leves? Não quero ser hipócrita. Caso tivesse o poder de uma grande organização, também o usaria de alguma forma. O problema não são as grandes organizações; é o fato de que as pequenas e médias, apesar de empregarem mais gente, não são organizadas, tampouco unidas.

Entendo que isso acontece principalmente porque as associações são verticais, de classe ou setores econômicos (por exemplo, agricultura, software, locação de carros etc.). O desafio é a intercessão de todos, o compartilhamento, como fundamentos de uma sociedade mais justa, dinâmica, com regras universais e isonômicas, visando o amplo desenvolvimento social sustentável.

O fato de as pequenas e médias empresas não conseguirem criar seu próprio ecossistema para competir com as grandes, de certa forma em contraste com o que as cooperativas fazem, as leva à fragilidade máxima. As empresas pequenas e médias só existem porque não estão incomodando as grandes.

Como exemplo, o número de bancos nos Estados Unidos, que já chegou a 15 mil nos anos 1990: agora são aproximadamente cinco mil. Já o número dos bancos gigantes não mudou no mesmo período.

### Ecossistema de empresários?

Com esse entendimento de mercado, fundamos a Plataforma, uma associação sem fins lucrativos que vem exatamente resolver o anseio das empresas pequenas e médias. Trata-se de **um ecossistema de empresários que oferece ferramentas para a quarta revolução industrial. Ao mesmo tempo que você tem o poder da grande corporação — com poder de barganha, influência de mídia, pesquisa, orçamento —, pode se manter ágil como uma *startup*. Você usa apenas as funcionalidades que lhe são convenientes.**

A Plataforma contém comitês temáticos em que cada um vem resolver algum problema do sistema empresarial. Exemplos: a Plataforma de Internacionalização ajuda as empresas a participarem do mercado global, que representa 98% da economia mundial. A Plataforma de Mediação e Arbitragem será mais eficaz do que o sistema judicial, tanto do aspecto de tempo de duração do processo quanto da paridade das armas. A Plataforma de Treinamento dará toda a estrutura de educação corporativa para que os colaboradores possam desenvolver habilidades e ganhar em eficiência. O programa de TV eFuturo e o de rádio Plano de Negócios dão visibilidade na mídia a empresas que não necessariamente têm verbas de publicidade. Os próprios membros são os prestadores de serviço da plataforma, engajados e coesos em torno de um propósito comum.

Pelos princípios de economia de escala e escopo, muitas organizações juntas podem ter um poder equivalente ou maior ao de uma supermultinacional. Foi a partir dessas inquietações que surgiu a ideia de criar a Plataforma. Em sua base está um grupo de empresários, de altíssimo nível, com currículos de peso, associados em um ambiente para ajudar uns aos outros com *networking* e conhecimento para gerar novas oportunidades de negócios. As regras e formas de compensação são definidas por um comitê, e o grupo ainda tem como compromisso o engajamento social, seja no sentido de se comprometer com a geração de emprego e renda, ou até mesmo o auxílio em causas sociais. Você pode conhecer mais em www.plataforma.in.

Acredito que seja um tipo de parceria bastante sustentável. Estou me cercando de empresários nos quais tenho a mais absoluta confiança e sei que, em troca da minha indicação, eles vão procurar trazer bons negócios para mim. Corro um risco menor de ter problemas com um parceiro. Vamos supor que um dos membros faça algo antiético: ele não está comprometendo o seu relacionamento comigo, mas com todos os membros da Plataforma. É muito a perder. Veja bem: se o cara depois voltar atrás, isso será público para todo um grupo de empresários que estarão acompanhando esse tipo de atitude. Então, a pessoa vai pensar duas vezes antes de descumprir algum acordo.

A Plataforma tem pouco mais de três meses e os resultados não poderiam ser melhores. Tenho recebido contatos de diversos executivos e *startups* querendo fazer parte do grupo, e os que já estão presentes estão dando um ótimo *feedback* sobre a geração de novas contas. Ainda me pergunto por que demorei tanto para ter uma ideia como essa, já que a lógica é até bem conhecida — a ideia de que juntos os empresários são mais fortes.

Unindo um pouco essas ideias, de *marketplace*, economia colaborativa e associativismo empresarial, a Tradaq é um exemplo bem bacana de como as parcerias podem ser benéficas. Eles são uma espécie de Uber das permutas. Vamos supor que você esteja à frente de uma faculdade particular e queira fazer um grande evento acadêmico em outra cidade. Você, claro, precisa de um hotel que vá locar o espaço, do buffet para servir o *coffee break*, da gráfica para produzir o material de divulgação etc. Essa plataforma conecta todos esses fornecedores para atender a essas demandas por meio de permutas. E isso não quer dizer que o cara da gráfica vai estudar na faculdade de graça por ceder o material. Por ser uma plataforma que conecta centenas de empresas, a troca não precisa ser direta. Outras pessoas podem oferecer o serviço de que aquela gráfica precisa.

Tive acesso a essa ideia quando entrevistei o diretor da empresa, Koen De Beer, em meu programa de rádio. Achei a proposta bem interessante, até mesmo porque, muitas vezes, as empresas têm reservas em estoque paradas e as permutas podem ser uma boa saída para dar vazão a esse material.

### Parceria tem que ser pra valer

Agora, devemos ficar de olho em algumas novas figuras que estão na moda e que, muitas vezes, podem ter cara de parceria, quando na verdade não são. Os famosos *coworkings*, por exemplo, passam uma ideia muito bacana de divisão das despesas em um espaço compartilhado, trazendo ainda a oportunidade de relacionamento com diversas outras empresas. Mas vamos lembrar que é preciso avaliar se, de fato, a mensalidade para você e sua equipe em um desses espaços é mesmo mais barata do que ter sua própria locação (muitas vezes não é). E também precisamos ter bem claro que o *coworking* é uma possibilidade de *networking*, que muitas vezes não passa disso. (O lema da Regus no Brasil, maior rede de escritórios flexíveis do mundo, é trabalhe perto do seu cliente.) Depende muito do tipo de empresa que está lá no convívio e do tipo de interação que ocorre. Vejo muito *coworking* em que o máximo de troca não vai chegar a uma parceria. Você precisa analisar bem essa questão.

Não estou descartando nada, só esclarecendo os conceitos. Existem histórias de *coworkings* que colocaram trabalhando lado a lado empresas que fizeram parcerias de sucesso e compartilharam expertises, serviços e até talentos. Mas o que mais acontece é encontrar lugares onde as pessoas no máximo conversam sobre amenidades no cafezinho.

Outra grande confusão está nas incubadoras e aceleradoras. Elas são mais comuns nos universos das *startups*, pois geralmente estão ligadas ao desenvolvimento de ideias inovadoras e tecnologias. Vejo em apresentações para investidores muitas empresas que se referem aos programas de incubação e aceleração como parceiros. Mas, como eu disse anteriormente, a parceria é, na verdade, uma relação entre iguais.

Em primeiro lugar, em seu próprio conceito, a incubadora e a aceleradora existem para trabalhar em escala. Elas servem para atender, ao mesmo tempo, diversas empresas. Acontece também que, na maior parte das situações, esses programas de fomento exigem como contrapartida uma porcentagem da empresa beneficiada.

Então, você tem que concordar que, ainda que o investimento na sua empresa não seja monetário, que eles estejam aplicando diversos outros benefícios como conhecimento tecnológico, apoio administrativo e *networking*, esses investidores ainda são, em essência, sócios do negócio. E é aí que mora o problema. Como vimos no tópico anterior, o relacionamento com um investidor acontece de maneira diferente. Dessa falta de alinhamento podem surgir muitos conflitos: a aceleradora faz cobranças, te trata como um investimento e quer uma performance, enquanto você está na expectativa de uma parceria mais colaborativa.

Outro fator que influencia nessa relação é a imprevisibilidade. Vamos supor que você tenha entrado para um programa de aceleração na área de robótica por uma contrapartida de 15% da empresa. Mas o mercado te levou para a área do *agrotech*. Então, você fica com uma espécie de peso morto: um sócio que foi interessante no passado mas que, agora, pouco contribui para a evolução do negócio. Novamente, não estou dizendo que não é válido procurar uma aceleradora ou incubadora. Só estou deixando bem claro que não são e não devem ser tratados como parceiros; devem ser levados muito a sério como sócios-investidores.

### 3.4. SÓCIOS

Chamei de investidor, em tópicos anteriores, aquela possível pessoa interessada em fazer parte da história da sua empresa. Mas ele ainda está no campo da negociação, e nós reforçamos a necessidade de haver alguém dedicado ao relacionamento com essa figura importante no ecossistema.

Os sócios estão um estágio adiante. São pessoas que já concordaram em entrar para o negócio, que depositaram não somente o recurso financeiro, mas também a confiança de que a empresa irá performar com sucesso e trazer aquele retorno financeiro de volta. Existe, sim, uma pessoa ideal para tratar do relacionamento com os sócios. E essa pessoa é o líder.

Conforme já contei aqui, há algum tempo fui responsável pela avaliação de investimentos em empresas para uma gigante da tecnologia: a IBM. Naquele momento, havia aproximadamente 15 bilhões de dólares disponíveis. No primeiro estágio, recebemos propostas de três mil empresas. Eram apenas algumas páginas que resumiam o histórico de cada companhia, seus produtos e executivos.

Filtramos duas mil empresas que não pareciam ter sinergia com o órgão investidor, ou que não mostravam maturidade suficiente por parte dos executivos ou de seus produtos. Das mil restantes, me encontrei pessoalmente com algumas centenas delas. As outras foram entrevistadas por diferentes integrantes de nossa equipe. Estudamos seus sócios, hierarquia, processos, departamentos de P&D, o produto, marketing, patentes, mercado, clientes, claro, os relatórios financeiros, em suas previsões, e as formas que foram usadas para calculá-las.

Desse grupo restante de mil empresas, apenas cem receberam investimentos. Quatro delas foram até compradas. Moral da história? Receber investimento é algo extremamente difícil. E você acha certo colocar todo esse esforço em risco por não saber se relacionar corretamente com os sócios?

Ao entender a dificuldade das empresas para conquistar um investimento, desenvolvi, ao longo da minha carreira como consultor, um serviço de "organização do futuro". A ideia é atrair sócios com o que o conjunto de pessoas, marca, produto/serviço e capital pode conseguir no futuro. Não basta estar em um bom mercado, ter um bom produto e ter uma excelente apresentação. O quesito-chave na hora do investimento é o líder.

De fato, as empresas que recebem investimentos têm líderes que já comprovaram que conseguem desenvolver um plano e executá-lo com eficiência. Eles querem o envolvimento ativo na liderança, planejamento e execução. Sua necessidade de recursos é real, mas o que interessa ao investidor é como o seu capital irá retornar e qual o lucro. Eles, os investidores, estarão mais confortáveis se tiverem na sua empresa o líder que comprovadamente planejou e executou o plano. Esse é o caminho para que você tenha o capital de que o seu negócio tanto precisa.

Mas por que estou insistindo na capacidade do líder como fator crucial para o sucesso do investimento? Um líder eficiente traz em seu comportamento algumas práticas que são essenciais para manter o bom humor dos sócios. A primeira delas é a transparência. Já discutimos isso em governança, risco e *compliance*, mas não é demais reforçar. Nunca, jamais, faça parecer melhor do que realmente está. Também não tente acobertar nenhum erro.

Lembre-se de que o papel do sócio não é punitivo, tampouco vingativo. Ao ligar seu nome ao negócio, ele passa a ser corresponsável pelo sucesso da empresa e espera poder influenciar positivamente para isso. Então, de que forma ele poderá ajudar a empresa diante de uma situação difícil se não conhecer sua verdadeira situação?

É justamente aí que entra outro aspecto importante. Você está ouvindo os seus sócios? Ainda que eles sejam minoritários, eles são consultados e a expertise que eles trazem tem entrado na equação quando você calcula os diferentes cenários para tomar uma decisão? Se não, está na hora de começar.

Não estou recomendando essas práticas apenas como uma forma de retenção dos sócios, não. É porque são eles que atuam como investidores profissionais e estão em conselhos consultivos de diversas empresas. O trabalho deles é conhecer diferentes realidades. Às vezes a situação pela qual a sua empresa está passando já foi vivida pelo sócio em alguma situação semelhante, e ele possui experiência sobre o que funciona e o que não surte o efeito esperado. Pode ser que você esteja deixando de usar uma arma potente que tem na mão por medo de ter um relacionamento mais transparente com os sócios.

## 3.5. CLIENTES

Agora, quero falar dos clientes, mas, para essa discussão fazer sentido, é importante integrá-la ao que foi discutido nos tópicos anteriores. Já refletimos sobre investidores, parceiros e sócios. Deixamos esta parte para o final porque tudo o que fazemos em nossa empresa é em função do cliente. Afinal, a empresa precisa dele para sobreviver e ser bem-sucedida.

Não há muito como escapar. **As empresas precisam estar cada vez mais conectadas com ferramentas para agradar o cliente, satisfazer suas necessidades e, assim, fidelizá-lo.** Muita gente entra na discussão sobre qual é o cliente ideal. Eu já vi vários exemplos. Alguns acham que é aquele que paga bem e dentro do prazo. Outros dizem que o sonho de cliente é o que "enche pouco a paciência" (para não usar outra expressão mais chula). Para mim, porém, **o que devemos buscar é aquela situação em que o cliente concordaria em fazer um depoimento positivo sobre sua empresa. É aquele que recomenda para os amigos, que fala bem de você nas redes sociais, que se mostra** orgulhoso em tê-lo como parceiro. Um cliente que faria isso pela sua companhia é, com certeza, um cliente que faz bons negócios. Ele compra e lhe proporciona uma boa taxa de lucro. Ele adquire a sua solução, fica satisfeito e paga bem por isso.

No entanto, para chegar até esse nível de maturidade no relacionamento com o cliente há um longo caminho. Eu diria que o primeiro passo é conhecer bem o seu cliente. Essa é uma longa discussão, e aqui eu vou perpassar pelo essencial para isso. Existe muito material interessante para quem quer se aprofundar nessa questão. Não posso deixar de citar aqui o livro de César Souza chamado *Clientividade*. Esse, para mim, é um grande guia para saber como oferecer para o cliente exatamente o que ele quer.

Antes de você entrar nesse nível de profundidade, eu gostaria de entrar em alguns pontos-chave mais elementares que todo empresário precisa entender bem. O que eu vejo, em geral, é que a maioria das empresas não conhece a realidade dos seus clientes e incorre em erros básicos.

Para acabar com essa questão, o grande desafio é tentar extrair sempre o máximo possível de informações do cliente. Eu estou falando de sair da zona de conforto e ir lá conhecer o cliente, fazer reuniões e diminuir a impessoalidade nessa relação. Isso é difícil em uma realidade de negócios cada vez mais virtuais, em que o cliente quer cada vez menos se encontrar conosco.

Quando falo isso, muita gente incorre no erro de achar que estou aconselhando a acabar com modelos práticos de atendimento e partir para um lado *old fashioned*, daquele cara que bate na porta do cliente. Veja lá: não estou falando aqui da linha de frente, dos canais de atendimento. Vou debater isso mais para a frente. Falo do gestor, do empresário que precisa conhecer o processo de tomada de decisão do cliente.

Se você conhece bem a hierarquia organizacional do seu cliente, como as diretivas são adotadas e como é a cultura dele, isso serve de base para uma série de estratégias às quais você pode recorrer para potencializar a lucratividade no negócio.

Por exemplo, se for um B2B, se você conhecer as sazonalidades, o controle de estoque, as pessoas responsáveis pelas compras, conseguirá programar internamente muitos aspectos para atender esse cliente. É possível se adiantar e estar mais bem preparado para oferecer mais matéria-prima em datas comemorativas ou organizar mais turnos de serviço dos seus colaboradores.

Então, comece a refletir e seja bem sincero: você já marcou uma conversa ou levou para tomar um café a pessoa responsável pelo setor de compras do seu cliente novo? Se não, experimente uma vez. Faça perguntas sobre o fornecedor anterior. Veja no que ele errava, anote tudo e não repita os mesmos erros.

Se o cliente for o Governo, é preciso começar a entender o custo que isso envolve. Procure uma conversa com os antigos fornecedores e descubra se aquele órgão para quem você está fornecendo costuma atrasar muito ou mesmo não fazer o pagamento. Procure, por meio de reuniões, descobrir quanto tempo e quantas pessoas estão envolvidos nos processos de aprovação e validação dos projetos. Isso tudo tem que estar previsto e documentado nos orçamentos e nos cronogramas. Procure lembrar aqui tudo o que já discutimos sobre tempo, burocracia, estresse e, principalmente, psicológico.

Às vezes o órgão público tem uma reputação tão marcante de atrasar os projetos, e ter uma grande morosidade para fazer as aprovações, porque tudo tem que passar por dezenas de diretores, que você chega à conclusão de que nem vale a pena entrar naquele contrato. Não há fluxo de caixa que aguente tanta demora, e sua equipe não tem psicológico para tocar um projeto que simplesmente fica parado por meses. Isso pode ser extremamente frustrante.

Então, toda vez que for entrar em uma nova conta, pergunte-se: você realmente tem a capacidade de vender bem para esse cliente levando em conta todos os riscos? Ou só consegue entregar de uma certa forma que vai afetar a sua reputação?

### Produzir e vender nem sempre é bom

O que vemos é que as empresas vendem simplesmente por vender. Não há um pensamento mais completo de alinhar o MVV com o que elas estão tentando comercializar ou com os serviços que prestam. Fica aquela lógica do "se tem alguém tentando me dar dinheiro, eu vou pegar".

É como se as empresas estivessem em constante modo de sobrevivência, mesmo quando não precisam estar. Temos na cabeça o *mindset* de que é impossível negar ou escolher clientes. É a cultura do "faço qualquer negócio". Mas, se refletir realmente, olhando para os números, você percebe que muitas empresas deveriam estar se negando a entrar em mais negócios e outras que deveriam selecionar de maneira mais inteligente os clientes que já têm fidelizados.

Essa parte é muito polêmica porque a primeira reação das pessoas é achar uma loucura abrir mão de alguns clientes fidelizados. Mas, olhando de maneira bem objetiva, será que a sua empresa não tem aqueles clientes que eu costumo chamar de âncoras? Eles estão tão fincados no fundo do mar e te impedem de avançar. Às vezes os contratos são até grandes e rendem pagamentos generosos. Porém, quando você olha para a quantidade de horas-homem e de insumos necessários para atendê-los, chega à conclusão de que a conta não fecha, de que não está tendo lucro real ou de que o trabalho não está sequer se pagando.

Outra situação comum é a daquele cliente que está com você desde o início, quando a empresa ainda era pequena e batalhava pelos primeiros contratos. Veja só que complicado: há até um certo apego emocional, e você se vê analisando se ele ainda é o perfil de cliente que a sua empresa quer ter ou se essa relação está tomando recursos demais para o tanto de retorno que traz. Às vezes é preciso liberar esse cliente para conseguir absorver outros novos.

Essa é uma estratégia muito inteligente e que poucos colocam em prática. Ou seja, quando você estruturou a empresa, ela tinha um perfil. Só que os anos passam, o negócio evolui e seus clientes antigos estão te puxando para trás. E você está fazendo o possível para, inconscientemente, atendê-los da melhor forma possível. Mas será que não é necessário refinar, reduzir, abrir mão de alguns para poder entrar em outros negócios mais lucrativos e condizentes com a realidade atual da empresa?

Na verdade, está na hora de questionar a quantidade e a qualidade dos clientes de que a sua empresa precisa. Você quer estar no varejo e ter muitos, ou estar no atacado para atender alguns? Quer lidar com pessoas físicas ou jurídicas? Se vê lidando com pequenas, médias ou grandes empresas? Quer se setorizar ou diversificar seu mix de produtos e soluções?

## O *TRADE-OFF*: NÃO PERCA O MVV DE VISTA

Tudo isso é exemplo do que chamamos de *trade-off* e faz parte do devido cumprimento do MVV. Um grande problema das empresas é o total desalinhamento da missão, da visão e dos valores com a área comercial. Nas vendas estão pessoas totalmente alheias à visão estratégica, que não constroem um portfólio de projetos ou uma carteira de clientes que direcione para onde a empresa quer chegar.

As *startups* ganham uma atenção especial nesse quesito. Muitas estruturam o MVV sem realmente conhecer seus clientes. Só depois é que elas vão validar o produto no mercado, mas percebem que o MVV está errado e o abandonam. Isso cria um problema de gestão fundamental, porque desde o início o gestor vai liderar com dificuldade, sem ter uma mensagem coesa para unir funcionários, parceiros, sócios e clientes nesse ecossistema. Como já discutimos, somente se transmitirmos em nossas comunicações a missão e os valores seremos capazes de nos relacionar de forma padronizada, com consistência, segurança e credibilidade, o que é essencial para qualquer empresa. Então, procure associar o que estamos discutindo sobre os clientes, de forma a integrar todos os conceitos e ferramentas já vistos até então.

# *4*

# DEPARTAMENTOS

Você se lembra de quando falamos sobre granularidade? Sobre aplicar a medida certa de explicação e profundidade para se comunicar com mais eficiência com pessoas dos mais diferentes *backgrounds*? Isso pode ser aplicado em qualquer projeto, inclusive em um livro. Nos capítulos iniciais, foi aplicado um nível menor de detalhe, explicando conceitos mais macro e gerais, para que você pudesse se familiarizar com conceitos e ferramentas iniciais. A partir de agora, com essas informações internalizadas, é possível aplicar uma granularidade maior e começar a discutir, parte a parte, os processos dentro da empresa.

Chegamos na hora de examinar os departamentos individualmente, lembrando que cada empresa tem seu próprio organograma. Isso não significa que cada departamento será dividido exatamente da maneira como estamos classificando aqui no livro. Eu os separei em treze grandes grupos: comercial; financeiro; operações; SAC; marketing; relações-públicas; recursos humanos; governança, risco e *compliance*; desenvolvimento de novos negócios; controladoria; contabilidade; jurídico; *facilities*.

O importante não é que toda empresa estruture a organização dessa maneira; isso não teria nenhuma lógica. Essa decisão é muito mais ligada a fatores ambientais e culturais do que a um modelo pré-estruturado. Se a operação é menor, quanto mais divisões houver, mais burocrático serão os processos e a empresa se tornará onerosa. Nós vemos bastante isso no setor público, mas sabemos que tem mais a ver com criar cargos para indicações políticas, o que não vem ao caso neste momento.

O importante mesmo é se apoderar da discussão e aplicá-la na sua empresa, da maneira como ela estiver estruturada. Pode ser que você tenha chegado à conclusão de que comercial e SAC trabalham juntos. Mas você tem que entender os papéis de cada um, conhecer quais são os erros mais comuns e as melhores práticas. Talvez você só tenha uma área para lidar com o marketing e as relações-públicas, mas precisa saber diferenciá-los e entender suas potencialidades e limitações. Se você chegar à conclusão de que mudanças podem ser feitas no organograma, essa discussão também é válida. O importante é modelar o negócio com esses conhecimentos da melhor maneira possível.

### 4.1. COMERCIAL

Qual é a sua estrutura comercial hoje? A empresa trabalha com vendas diretas, por meio de distribuidor, tem revenda própria? Ou é tudo feito por *e-commerce*? Estou perguntando do ponto de vista estratégico. Veja bem, vamos tratar aqui sobre o que cabe a um empresário decidir na parte comercial. O que for operacional, vamos deixar para a própria área discutir.

Os filmes costumam romantizar muito isso: o empresário que põe a mão na massa em tudo. Há um filme da Anne Hathaway, por exemplo, chamado *O estagiário*, em que ela contrata o personagem do Robert De Niro, no auge de sua aposentadoria, para um estágio. Em uma determinada cena, ela para tudo o que estava fazendo para ir até o galpão da fábrica corrigir um funcionário sobre o modo correto de embalar uma encomenda antes de enviar para o cliente. Enquanto isso acontece, todos ao redor observam, admirados, como ela cuida dos mínimos detalhes da própria empresa.

Agora, voltemos à vida real. Se o empresário se propõe a cuidar de cada detalhe da empresa, ou ele acaba deixando de fazer o que realmente deveria estar fazendo, que é cuidar do conjunto como um todo, ou fica louco.

Então, vamos fazer uma análise, do ponto de vista da estratégia, do alinhamento da área comercial com a missão da empresa e com os valores que ela aplica para chegar lá. Os canais escolhidos estão alinhados com essa proposta? Essa reflexão precisa ser feita e muito bem embasada por dados que confirmem a assertividade das decisões, caso cheguem à conclusão de que é preciso fazer mudanças. Essas informações surgem por meio de pesquisas feitas com os clientes e outros potenciais públicos-alvo.

### Entenda o cliente

As ferramentas para conhecer o cliente podem consistir em pesquisas, por exemplo, escritas ou por entrevista. O objetivo aqui é bem claro: tentar saber o máximo sobre ele e como o processo de tomada de decisões acontece. Pode ser pessoa física ou jurídica, negócios locais em outros países, varia muito. E isso, às vezes, pode demorar até que o cliente tenha confiança a ponto de abrir mão dessas informações. Mas essas ferramentas têm a importância estratégica de lhe possibilitar criar ou até mesmo ampliar a solução oferecida.

Vamos supor que você queira vender para o seu cliente com um valor maior, levando o contrato a outro patamar. O diagnóstico feito em relação à necessidade, prioridade e disponibilidade de recursos te levou à conclusão de que o seu cliente pode se beneficiar caso venha a adquirir mais produtos ou soluções oferecidas pela sua empresa.

No entanto, ao fazer uma investigação sobre esse cliente, você descobre que a burocracia é muito grande. Se você não tivesse feito esse dever de casa, poderia entrar em uma grande cilada, aumentando o contrato e passando por uma série de dores de cabeça. Como você descobriu essa morosidade toda, as informações que colheu o auxiliam na decisão de manter o contrato como está.

Também há casos de empresas que, quando você conhece melhor, descobre que são corruptas. Então, é aquele dilema: encarar e comprometer os valores da empresa ou procurar outro cliente? Conhecer significa, também, saber considerar o crédito do cliente, se ele vai pagar em dia e, caso haja algum atraso, se você vai contar com a liberdade de ter uma conversa franca com o dono para cobrar, ou se o contato firmado com um escalão mais baixo, que vai continuar enrolando para não pagar.

Essas são dicas importantes, que ajudam você a se proteger da inadimplência. Mas acredito que, acima de tudo, se você quer vender para um cliente, o melhor é focar em entender como ele compra: como ele estrutura o orçamento e como se organiza. Na verdade, todos os esforços, no final, vão se resumir a como o cliente interpreta o processo de venda. Afinal, muitas vezes tornam-se atitudes para agradar o cliente sem perguntar a ele se isso, de fato, surte o efeito positivo esperado.

Outro fato que merece atenção é que, no começo, quando a empresa estava sendo estruturada, foi o cliente que te escolheu e não você a ele. É importante se aprofundar em entender por que ele escolheu a sua organização, o motivo pelo qual você foi selecionado dentre tantas opções. Nesse processo, é essencial entender como eles veem o mundo, de que forma se encaixam nele.

Para tentar ser menos abstrato, vamos a um exemplo que me parece bem ilustrativo. Imagine uma família que está comprando um terreno para, eventualmente, construir uma casa. Um grupo familiar com certo poder aquisitivo entende que é um investimento de médio e longo prazo, que pode melhorar as condições financeiras deles. Isso é tratado como um investimento para, na verdade, criar um patrimônio.

Já uma família com renda mais baixa, por outro lado, anseia por abandonar uma condição de vida incerta, de morar em um local com pouca estrutura, como uma favela, que foi construída de forma desorganizada, por exemplo. O principal desejo, então, é tentar viver com dignidade, com maior previsibilidade, parar de pagar aluguel e viver sem medo da violência. Veja bem, são duas abordagens para públicos distintos de uma mesma necessidade: comprar um terreno em um bom bairro. Para que essa venda seja bem-sucedida tanto para a primeira família quanto para a segunda, é preciso entender como esse cliente passou a ter essa necessidade e chegou até a sua empresa.

Outro ponto que podemos abordar é o pós-venda. Existe muita empresa com o pensamento de vender, agradecer, dar tchau e nunca mais ter contato com aquele cliente. Estudos mostram que vender para alguém que já comprou de você é mais fácil do que para outro que até então não te conhecia. O custo financeiro, dizem, pode ser sete vezes mais barato do que tentar convencer novos clientes. De fato, a experiência mostra que isso tem cabimento porque há toda a questão da confiança e da tensão da compra, que é diminuída porque ele já conhece a empresa fornecedora. E, se você conhece muito sobre esse cliente, saberá fazê-lo voltar sempre.

O passo além é ir criando ferramentas para monitorar a satisfação dele. Isso deveria ser feito por um PMC (Painel de Monitoramento e Controle). Mas **há um grande número de empresas que aplicam milhões de reais em marketing para vender, mas não investem no serviço de atendimento ao cliente, no pós-venda.** Isso gera um desequilíbrio muito grande. O marketing, tradicionalmente, tem muita força, enquanto o SAC fica, de certa forma, esquecido dentro da organização.

Essa premissa de ter intimidade com o seu cliente vai ser uma base para o sucesso da área comercial. Mas, se você vende produtos ou soluções em massa, não será possível conhecer, na ponta, cada cliente. A Apple, por exemplo, não conhece cada uma das milhões de pessoas que possuem um iPhone. Essa companhia trabalha com análise de dados. A coleta é feita com uma amostra representativa, de modo que as opiniões, de fato, representem os grupos de clientes estudados.

Mas a expertise de fazer pesquisas por amostragem não está, muitas vezes, dentro da empresa. É comum contratar consultorias para isso, e até mais seguro. Se você acessa as fontes erradas, elas te passam informações desnorteadoras e você monta a sua estratégia de forma equivocada.

Isso acontece muito nas empresas que passam pelo estágio de reestruturação e, mesmo assim, não sobrevivem. Elas estão interpretando de forma errada os dados que chegam do cliente. Já naquelas que estão se estruturando ainda, acontece de desenvolverem mal o produto ou serviço, ou de fazerem a precificação errada. Logo serão empresas que, no futuro, vão precisar ser recuperadas. Então, eu percebo que isso é bem cíclico.

Indo um passo além, empresas de base tecnológica, ou que implementam alguma solução por meio de software no relacionamento com o cliente, se beneficiam muito de dados que os próprios usuários alimentam na base em seu uso diário. Um *e-commerce*, por exemplo, sabe seus dados pessoais, seu endereço, seus gostos, seu banco, sua bandeira de cartão de crédito, se você costuma parcelar as compras e por aí vai. É informação valiosa que você mesmo, espontaneamente, fornece ao tentar adquirir algum produto ou serviço.

Além disso, existem diversos órgãos e associações especializados em pesquisas que fornecem *insights* muito interessantes sobre os clientes e o mercado. Apenas para citar alguns: o Instituto Brasileiro de Geografia e Estatística (IBGE), o Instituto de Pesquisa Econômica Aplicada (IPEA), a Confederação Nacional das Indústrias (CNI) e o Departamento Intersindical de Estatística e Estudos Socioeconômicos (DIEESE). Todos disponibilizam em seus sites as pesquisas realizadas. Também são feitas, diariamente, reportagens nos jornais, internet e TVs sobre esses levantamentos.

Essas informações são importantes porque, em uma próxima fase, é você quem vai ter que escolher os seus clientes. A velha tática de sair atirando para todos os lados e onde acertar é lucro vai ficar para trás. Porque isso te traz uma lucratividade muito menor do que uma situação em que se conseguiu focar naquele nicho em que você reconheceu uma necessidade, uma demanda verdadeira de mercado.

Às vezes, ir atrás de informação pode ser um choque de realidade. Prestei consultoria para uma empresa de logística que não estava indo nada bem. Em meio às minhas análises, resolvi conversar com um auditor, que fiscalizava dezenas de empresas naquele setor. Eu queria saber como estávamos posicionados perante os outros concorrentes.

Para minha surpresa, ele tinha uma avaliação extremamente positiva de nossa empresa. Na opinião dele, estávamos em posição muito melhor do que qualquer um dos concorrentes que ele auditava. Era uma informação muito valiosa. Aquela pessoa, para mim, era a representação perfeita do cliente. Ele conhecia todos os outros fornecedores e me dizia que, apesar de tudo o que estávamos passando, nossa situação estava melhor do que a dos outros.

Então, é por meio de entrevistas, e vendo como seu cliente enxerga o mercado e os serviços que está contratando, que se consegue visualizar a verdadeira situação do mercado. Eu me lembro de que, naquela situação, isso nos ajudou a ficar bem mais motivados. Os passos seguintes eram sempre no sentido de melhorar as condições atuais e, já estando bem em relação aos outros, focar em alcançar a excelência e começar a tomar mercado da concorrência. A conversa com o auditor mudou completamente uma visão que antes se baseava apenas em sobreviver.

Outra consideração que devemos fazer quando o assunto é entender o cliente está nas empresas que têm certa soberba. Elas procuram por novos nichos antes mesmo de já terem se consolidado em um deles. Já vi um caso de empresa de loteamento investir em tecnologia para fazer casas populares, sendo que ela ainda nem tinha se estabelecido como uma boa solução para loteamentos. Já estava assumindo um risco enorme, investindo em outra área, pegando capital emprestado e assim por diante.

Esse é um exemplo de empresa que não entende as próprias limitações. O fato de ter detectado no cliente uma necessidade muito grande de casas populares não significa que a sua organização é a certa para entregar isso a ele. Se não está alinhado à sua missão, à estratégia, ou se você não tem a estrutura ou a capacidade, não adianta ir atrás desse nicho. Conhecer o cliente e a si mesmo andam juntos.

A dica é pensar na sua empresa como uma águia, que voa bem e é implacável, mas não sabe andar, tampouco nadar. Ela sabe o que faz e faz muito bem. Agora, há empresas que começam a deixar de voar, ou seja, de fazer o *core business* bem feito, para atender a outras demandas que identificou em outro mercado que parece ser mais atraente. É uma tentativa de andar e nadar mesmo sem saber. Minha experiência com esse tipo de empresa é que ela tende a deixar de atender bem os clientes que já tem e também não consegue agradar os novos, comprometendo os serviços, a marca e a reputação.

## Escolha o cliente

Esse é um dos assuntos de que eu mais gosto, porque é, no campo da decisão estratégica, uma das coisas mais difíceis para as empresas. A decisão da escolha significa muito sobre os clientes que você não vai mais atender. É a hora de decidir sair de determinado nicho ou de fazer propostas de reajustes de contratos.

Essa é uma mudança muito grande no comportamento dos empresários. **De modo geral, quando encontram alguém disposto a abrir a carteira, eles vão lá e aceitam fechar negócio. Isso significa que, ou você não sabe fazer um planejamento estratégico, não confiando nele e aceitando a primeira oportunidade que aparece, ou você está em modo de sobrevivência, disposto a entrar em qualquer negócio.** E existe um cenário ainda pior para alguém que não seleciona bem seus clientes: é sinal de que o empresário não é uma pessoa que tem as características de líder, de ser constante, previsível, didático, sistemático e de se manter firme em uma direção.

Vou trazer esse exemplo para a minha empresa, o SCAI Group. Como já expliquei neste livro, somos especializados em reestruturação, inovação e estratégia corporativa em negócios familiares com faturamentos que variam dos 50 milhões aos dois bilhões de reais ao ano. Suponhamos que eu decidisse atender organizações multinacionais, por exemplo. Isso acarretaria a necessidade de dispor de uma grande e onerosa equipe de *backoffice* para me apoiar em toda a parte burocrática que as grandes empresas globais exigem. Há muita papelada a ser preenchida e assinada, e isso requer conhecer diversos sistemas, como os de RFQ (*Request for Quote*), RFI (*Request for Information*) e RFP (*Request for Proposal*). É preciso contratar pessoas dedicadas a fazer isso.

Mas o meu mercado é atender empresas familiares que não exigem absolutamente nada disso. O nosso foco é conversar diretamente com o empresário, mudar suas práticas e auxiliá-lo na formação de um conselho consultivo. Portanto, não faria sentido nenhum eu aumentar a operação para atender aquele que não é meu mercado. O meu MVV diz que eu quero atender empresas médias e familiares. Foi essa a nossa escolha. Sempre acreditei que focar em empresas que têm de um a quatro sócios possibilitaria que as decisões fossem tomadas de forma mais fácil e, consequentemente, que os resultados aparecessem mais rápido.

Eu prefiro assim porque são empresas com as quais tenho mais poder de barganha na hora da negociação. Portanto, são várias as escolhas que me levaram a optar por aquele nicho. E eu não vou, portanto, fazer uma escolha contrária. Isso faria todo o sistema meritocrático parar de funcionar, porque você mesmo estaria pedindo para os seus colaboradores fazerem algo contrário àquilo em que você acredita.

Outro ponto que precisa ser analisado: o risco. O tipo do cliente que você escolhe ter define indiretamente o nível de custo fixo com o qual você trabalha. Lembrando que essas despesas constituem um dos principais riscos pelo qual a empresa se expõe. Muitas entram em recuperação, quebram ou precisam de uma reestruturação, porque o custo fixo é muito grande. Esse é outro parâmetro a ser olhado na escolha do cliente.

Se o cliente é o Governo ou uma empresa estrangeira; se a operação envolve uma exportação ou uma regulação específica; se a venda é feita diretamente para o consumidor final ou por meio de distribuidores; a natureza delicada dessas negociações pode ter um impacto muito grande no orçamento da sua empresa. Nesses casos, a humildade se mostra como uma característica de que muitos não falam nos livros, mas que é fundamental.

Tenha como exemplo a Dell, que vendia notebooks diretamente para o cliente final, tornando-se muito bem-sucedida nisso. Veio então a oportunidade de se reestruturar e começar a vender por meio de distribuidores, porque havia necessidade de transferir riscos da própria estratégia para terceiros.

Imagine a humildade de entender que havia complexidades nessa estratégia, que era um case mundial, mas que a companhia não queria mais ter. Ela chegou à conclusão de que aquilo foi bom até determinado momento, porque mostrou a Dell como uma empresa inovadora e chamou a atenção dos clientes finais, dando vida à marca. Mas chegou um momento em que os executivos da Dell raciocinaram sobre o tamanho do risco que era vender sempre para o cliente final. Como resultado, eles escolheram seus próprios clientes, os distribuidores, dentro de um processo muito consciente do que seria melhor para a marca.

É preciso, assim como a Dell, fazer uma análise sobre o impacto negativo de não escolher bem o seu cliente. Estamos falando aqui sobre investir tempo e recurso em algo que pode não funcionar. Então, o ponto-chave na escolha do cliente é sua capacidade analítica, por meio de sua habilidade como líder, do apoio da opinião do conselho administrativo e com quem mais seja preciso se consultar. Se você lembrar da etapa de entender o cliente, no tópico anterior, o segredo era ouvir, prestar atenção, falar menos e escutar mais. Mas agora, na hora de escolher o cliente, a capacidade de analisar vem em primeiro, porque é uma decisão que, se não respeitada, provocará uma catástrofe.

### Vendas com equipe própria

Agora que entendemos os clientes e escolhemos quem queremos ter entre os nossos, é necessário estruturar a *go to market strategy* e definir as melhores maneiras de chegar até o seu público-alvo. Existem três cenários distintos: montar uma nova equipe, reestruturar a já existente ou combinar as duas de forma tática, como vou explicar mais adiante.

Fato é que a estruturação de uma nova equipe é algo mais simples. Se você já cumpriu as lições anteriores, já entendeu como o seu cliente compra e já decidiu quais são os seus clientes. Agora, é só utilizar esses dados para traçar o perfil que melhor se encaixa e procurar, via processo seletivo, talentos que se enquadrem nessa proposta.

Reestruturar a equipe de vendas, por sua vez, é muito mais complexo. Quanto maior a empresa, mais complicado. Já mencionei anteriormente a história da IBM, que tentou ir ao mercado com a estratégia *on demand*. Essas diretrizes foram passadas para os vendedores, mas 95% deles, estamos falando de dezenas de milhares de pessoas, não entenderam e a estratégia foi um fracasso. E estamos falando de uma empresa do porte da IBM.

**Olhe só que delicado: você vai abordar a sua equipe com a ideia de que o que ela faz não serve mais e que vocês terão que abraçar outra estratégia.** É muito difícil, porque as pessoas já têm vícios e o ser humano tem uma resistência natural à mudança. Ainda mais os vendedores que tiveram o ego coberto pelo grande casulo que eles tiveram que construir para conseguir lidar com o dia a dia do mundo das vendas. Vender não é fácil e exige muita inteligência emocional. Qualquer vendedor tem na ponta da língua dezenas de histórias de situações de estresse, humilhação, constrangimento e até assédio.

Acontece que estar na rotina de vendas, na linha de frente, passa para o vendedor a sensação de que ele tem muito conhecimento de mercado. Mas ele não conhece os dados da empresa. Pelo contrário, só tem acesso a uma amostra muito pequena, que são os clientes da sua própria carteira, e isso não representa muito uma amostra real do que está acontecendo. Na maior parte dos casos, ele não possui a real noção da lucratividade do contrato porque recebe sobre a receita e não sobre os lucros (afinal, ele não é sócio), o que o faz ter uma real noção, por exemplo, do risco de crédito, do portfólio, dos problemas de pagamento, dos atrasos, das renegociações de valor etc. Há muita informação que acontece no financeiro e nos outros departamentos, nas mudanças de escopo e no pós-venda. Enquanto isso, o vendedor tem essa sensação geral de que conhece o mercado, mas o *gap* que surge nesse momento é enorme.

Então, nesse sentido, pegar a empresa que já existe e tentar reestruturá-la já é, em essência, um trabalho de vendas, de convencimento, de fazer o vendedor acreditar que aquilo que estava fazendo já não funciona mais. É preciso trazer fatos (que são todos aqueles dados que você colheu nas etapas de entender e escolher o cliente) e usar todo esse embasamento para reposicionar, reestruturar sua mensagem e mudar a forma como ele vende.

É complicado porque muitas vezes envolve sair da zona de conforto. Mesmo em relação ao cliente com quem ele mantém um ótimo relacionamento, de repente o vendedor terá que entender a necessidade de se afastar e começar a dar mais atenção para outros mais complicados.

Imagine uma empresa do porte da Unilever, por exemplo, tentando reestruturar toda a área de vendas. Só seria possível se colocasse todos os milhares de vendedores em um estádio de futebol e promovesse uma capacitação sobre a nova estratégia. Seria preciso tentar convencer todos ao mesmo tempo; sequencialmente não daria certo, pois criaria aquele efeito de rádio-peão.

Reestruturar também significa filtrar aqueles que realmente importam para a empresa. Não se trata somente de analisar currículos, mas de olhar os contratos que essa pessoa pode trazer e quem são os contatos comerciais dela. É preciso analisar o quanto essa pessoa vendeu nos últimos anos e quantas metas bateu. Dificilmente um CV é um bom parâmetro e o RH muitas vezes não sabe o que perguntar para estruturar uma boa equipe de vendas.

Outra análise crucial é a importância do vendedor para os clientes que você já possui. Tem muita gente que compra do vendedor e não da marca. Acontece muito, principalmente, na área de seguros. Às vezes o profissional muda para uma empresa que paga mais comissão e as pessoas são mais fiéis a ele do que propriamente à marca. Pode acontecer em qualquer nicho, e perder contas importantes por causa de vendedores é um erro fatal, que deve ser evitado. A própria empresa pode prevenir isso, efetuando, por exemplo, um rodízio de portfólio de tempos em tempos. Dessa forma, o vendedor está obrigado a sempre cavar relacionamentos com novos clientes.

Uma última maneira de estruturar a equipe de vendas é montar uma parte dela com novos colaboradores e, a partir dos primeiros resultados que geram exemplos práticos, convencer a equipe já existente a seguir pelo mesmo caminho. Esse colaborador se encontra em uma situação em que ou ele muda ou será cortado por não estar performando tanto quanto os novos colegas.

É necessário também tocar no tema da meritocracia. Esse assunto é bem delicado: como remunerar vendedores de forma que eles tenham certa segurança, mas que ao mesmo tempo se sintam sempre motivados?

Algumas empresas pagam um valor fixo e motivam os vendedores com metas ou penalidades. Outras não estabelecem valores fixos mas remuneram melhor nas comissões para realmente tentar acelerar as vendas. Mas muitas vezes, uma pessoa passa a falsa impressão de ser um vendedor feroz quando, na verdade, é a própria marca que tem muita força ou mercado está extremamente aquecido. E isso **é importante na análise: destrinchar o que é venda por mérito dele e o que é pela marca.** É claro que alguém que vende um produto de uma marca consolidada merece menos do que alguém que vende produtos que ninguém conhece.

Por outro lado, é preciso ser honesto com o vendedor, pois ele sofre com as deficiências da empresa ou do próprio mercado. Então, o gestor deve ter sensibilidade e saber realocar esse vendedor por conta das diferentes necessidades. Desde que isso seja acompanhado por controles sobre os vendedores, é claro. A maior parte das empresas não faz reuniões de *pipeline* e controle dos estágios da venda porque não entende a forma como o cliente compra. Algumas até usam parâmetros genéricos, copiados de outras empresas, que não têm a mesma visão estratégica. Eu me pergunto nesses casos: cadê a customização? Você está construindo seu próprio mercado ou está copiando alguém?

Esse é o assunto para outra discussão, os canais de acesso ao mercado que melhor vão se adaptar ao cliente e à equipe de vendas.

## Canais

Outro assunto que renderia um outro livro, somente para tratar de acesso a mercado. Ele é complexo e está em constante transformação. Vemos nos países mais ricos as lojas investirem sem medo no comércio eletrônico e as gigantes da tecnologia pensando cada vez mais em desenvolver soluções de pagamentos por celular, por dispositivos *wearable* e até mesmo na autenticação pela impressão digital das pessoas. É tudo muito focado cada vez mais na experiência e na praticidade.

Em países em desenvolvimento, por questões de acesso às tecnologias, ou até mesmo por uma questão de cultura, a velocidade desse avanço ainda é mais tímida. As pessoas ainda gostam muito de ir até as lojas, de ver, tocar, sentir o cheiro e experimentar. Faz parte do lazer. Tem até aquela brincadeira de quem gosta de ir a shopping nos Estados Unidos são os turistas brasileiros, porque americano compra tudo pela internet.

Então, depois que você estuda o comportamento dos consumidores, a forma como eles compram, a empresa escolhe o tipo de cliente que quer ter e estrutura a sua equipe de vendas. Chega a hora de entender os melhores canais, as formas de ir ao mercado e os modelos de venda. Estamos nos referindo às vendas diretas, por representantes, revendedores, câmaras de exportação, distribuidoras, televendas, mobile, internet etc. Em resumo, existem diversas formas de acessar o mercado almejado, e cada uma possui característica e orçamento diferentes.

A forma como vamos estruturar dependerá muito do que entendemos sobre o cliente. Se dependesse só da empresa, não haveria mais agências bancárias ou funcionários nos bancos, porque a vontade deles é fazer todos os negócios por canais de autoatendimento. Mas eles ainda avançam com timidez, pois há um receio enorme de resistência por parte dos analfabetos digitais ou das pessoas com certa resistência à tecnologia. Enquanto isso, eles assistem às *fintechs* (empresas do setor financeiro de base tecnológica) abocanharem diversos nichos do mercado. Dá para perceber como essa escolha de canais é complicada.

Vejam o meu exemplo como consultor de negócios. O próprio modelo que escolhi não permite que eu ofereça soluções em massa, porque conseguimos estar em poucas empresas de cada vez. É um público mais selecionado. Porém, se eu escolho canais mais diversos, como dar palestras em universidades, manter o canal no YouTube e, agora, escrever livros, consigo ampliar o número de pessoas às quais tenho acesso. Ainda que os espectadores e leitores não me remunerem da mesma forma que o contratante da consultoria, eles ajudam a fortalecer e criar um *awareness* sobre a marca, por isso a importância da diversificação inteligente dos canais.

Outro fator importante é olhar para a concorrência. Mas não aquele *benchmarking* tradicional que a maioria faz. Estou falando de uma análise mais focada naquele cliente que você quer ter. Muitas vezes você vai direto no mercado e estuda concorrentes que almejam clientes que não te interessam. Isso é perda de tempo. Quando você vê o que o seu verdadeiro cliente já tem à disposição, começa o processo de pensar em maneiras de trazer novidades, de promover uma verdadeira inovação.

Foi assim que surgiram diversas empresas com métodos inovadores de acessar o mercado. As do ramo de cosméticos partiram para os revendedores, as gigantes do varejo descobriram o *e-commerce* e os restaurantes descobriram os aplicativos de *delivery.*

Mas nem sempre é possível inventar a roda, e vemos empresas realizando um grande trabalho com vendas diretas. Empresas como a Microsoft ou a HP, por exemplo, possuem equipes de vendas próprias atuando nas lojas de terceiros, responsáveis por fazer a abordagem e venda técnica junto aos clientes. A equipe da loja distribuidora fica responsável por outras etapas, como o estoque, a logística, a emissão da nota fiscal, testes e garantia. É uma estratégia que consiste em terceirizar os riscos e burocracias para a revenda, mas com uma equipe de vendas própria falando em nome da empresa.

Se você tem uma produção local, mas o seu cliente está espalhado em diversas regiões, as distribuidoras aparecem como uma opção, tendo em vista que o país possui dimensões continentais. Já quando falamos em internacionalização, que é uma estratégia relativamente pouco utilizada pelos brasileiros, é preciso saber trabalhar não somente com a distribuição, mas também com a revenda. É preciso criar essa especialidade e fazer a contratação de pessoas que conhecem o tema e sabem se comunicar por esses canais.

São exemplos que nos fazem lembrar que cada canal é um investimento e que, possivelmente, saber utilizar o ecossistema pode ajudar muito a financiar essa área. Muitas vezes é necessário ir atrás de investidores, ou é possível fazer parcerias. O próprio cliente pode se tornar uma ponte para acessar novos modelos de mercado.

Portanto, a estruturação dos canais de vendas é um exercício constante para tentar entender para onde você quer ir e de que maneira é possível chegar lá. O uso inteligente de canais é uma solução para o problema das empresas, pois elas poderiam estar vendendo mais e não estão acessando os canais certos. **Cada canal exige recursos, relatórios e análises sobre o quanto cada um pode contribuir para a lucratividade final da operação e avanço do marketshare.** O fundamental é ter um diagnóstico certo, tempo hábil para desenvolver e amadurecer o canal apontado, gerando resultado e integração da empresa como um todo. Haveria um sério problema em utilizar um canal e não ter apoio dos diferentes lados: financeiro (relatórios), marketing (divulgação e inteligência) e TI (apoio técnico) etc. É muito fácil falar em um novo canal a partir do diagnóstico, mas partir para a execução, envolvendo a empresa como um todo, essa parte é a mais difícil e o grande desafio da empresa.

## 4.2. FINANCEIRO

### Crédito

Acredito que, entre muitos outros pontos importantes, o principal alerta a fazer para um empresário no tocante ao departamento financeiro é verificar se ele é capaz de avaliar corretamente o crédito fornecido para os diferentes clientes.

Já visitei, ao longo dos anos, dezenas de empresas em que o único processo implementado para proteção do crédito era imprimir um extrato do Serviço de Proteção ao Crédito (SPC) ou do Serasa. Caso esse levantamento não demonstrasse ocorrências, esse crédito era logo concedido. Frequentemente pergunto para as pessoas responsáveis por essa área se elas entendem o que esses serviços de proteção estão avaliando. Em geral, elas respondem que não, que estão fazendo isso de maneira mecânica, conforme instruído.

Havia casos em que as vendas a prazo eram feitas para clientes com 99% de chances de ficar inadimplentes dentro de seis meses. E não estou falando de uma ou duas empresas, para algum cliente de vez em quando. É quase regra. **Elas sistematicamente lidam com o crédito de maneira nem um pouco responsável ou eficiente, justamente esse, que é um ativo tão importante para a empresa.**

Acontece que é óbvio as pessoas ou empresas negativadas não serem suas clientes; o problema está nos que não honram seus compromissos e não acabam com o nome sujo porque têm muito poder de barganha. Pense bem: se é um cliente estratégico, cujo contrato tem uma incidência enorme sobre o seu fluxo de caixa, você ameaçaria protestar contra o cliente no Serasa? Ou tentaria resolver diretamente, para preservar o relacionamento? A maioria prefere sofrer ao máximo mas manter o contrato em mãos. Como quase todos fazem isso, os grandes compradores acabam não parando na lista de maus pagadores.

De modo geral, os departamentos financeiros não sabem como, da maneira mais adequada, distribuir o portfólio de crédito que há disponível e diversificá-lo entre os clientes. Isso acontece, em primeiro lugar, porque não há ligação entre as diferentes áreas. O comercial está preocupado em vender e não envia as informações corretas para o financeiro. Ou pior, a concessão do crédito é feita diretamente no momento da venda, sem uma análise mais estratégica, perseguindo uma lógica de fechar negócio rápido e a qualquer custo.

Vamos supor que você tenha um total de 60 milhões disponíveis em créditos para vender a prazo aos seus clientes. Apenas um deles tenta fechar uma conta de 20 milhões. Em vez de analisar se comprometer um terço do seu portfólio não poderia gerar uma dependência excessiva sobre aquele cliente, o empresário costuma projetar na cabeça uma situação melhor do que realmente irá acontecer. Ele está seguro de que vai conseguir mais contas de 20 milhões e ampliar sua capacidade de crédito.

Só que não é bem assim. De modo geral, costuma acontecer justamente o contrário. Aquele cliente, que pediu 20, insistiu tanto que chegou até 30. Você, que tinha 60, calculou algumas perdas e a capacidade de crédito desceu para 40. O resultado final é um cenário em que apenas um cliente possui três quartos sobre a sua capacidade total.

Engana-se quem acha que um cliente não sabe o tamanho da influência que tem sobre seus fornecedores. Se forem multinacionais, então, quase todas têm essa prática de análise.

Isso gera um desequilíbrio muito grande no ecossistema, em que o cliente começa a exercer uma força desigual nas negociações. Ele começa a pedir mais prazo para pagar, mais flexibilização nas entregas e aceita cada vez menos reajustes de valores e condições de pagamento.

Essa dependência também reflete no conteúdo dos contratos firmados. Existem empresas em que o financeiro nem sequer tem acesso aos contratos. Ele apena recebe um relatório sobre quando se deve emitir a nota fiscal. Não há qualquer conexão com a assessoria jurídica da empresa. E isso é um erro que vamos comentar mais no capítulo sobre o departamento jurídico. O pessoal do financeiro fica totalmente perdido, sem orientações sobre como recolher os impostos corretamente, ou até chegam a emitir notas fiscais para situações em que isso nem era necessário.

Embora seja uma área vital, em que podem ser aplicadas ferramentas muito inteligentes para garantir a saúde financeira da empresa, as pessoas enxergam esses cuidados, de modo geral, como um trabalho incômodo, que dá muita dor de cabeça e com o qual ninguém se preocupa muito. Quando estiver em uma loja e começar a ter algum problema no faturamento de algum produto, tente prestar atenção na expressão do vendedor quando ele fala com o financeiro. Acontece na maior parte das empresas; não há conexão entre as áreas.

É preciso criar esse alinhamento de interesses entre o financeiro e as demais áreas. Caso contrário, o comercial acha que pode fazer tudo, porque a meritocracia na área de vendas é com base em receita e não na lucratividade. O marketing começa a fazer promoções malucas, jogando o preço lá embaixo e oferecendo condições que a empresa não pode oferecer, e o jurídico aceita qualquer contrato com as condições impostas pelo cliente porque quer tirar o problema da frente. O financeiro precisa ser esse filtro que funciona como balizador das ações da empresa, focando na lucratividade e não somente na receita e no fluxo de negócios.

## Contas a receber

Certa vez, entrevistei para o meu blog o advogado Rodrigo Karpat, especialista em cobranças e sócio da Karpat Sociedade de Advogados. Um dos pontos sobre os quais falamos foi a velha discussão sobre o setor de contas a receber de uma empresa ser uma atividade interna ou terceirizada. Na opinião dele, isso deve gerar sempre um amplo debate para os gestores, pois muitas estruturas dentro da empresa estão voltadas para a receita gerada por meio do departamento de cobranças. Assim, eles precisam analisar a estrutura, a receita e o propósito da empresa para chegar ao melhor formato. Eu acredito que deva ser levado em conta, nessa avaliação, se há um volume imenso de trabalho para empresas com estruturas maiores, o que pode ser bem oneroso. Pode haver a necessidade de muito pessoal, de espaço físico, de uma boa solução em PABX ou voz sobre IP e ainda um bom software. Por outro lado, é imprescindível avaliar se o barato não pode sair caro devido a uma terceirização malfeita e os resultados das negociações acabarem sendo pífios.

Contas a receber é um tema que interessa, principalmente, às empresas com dificuldades financeiras. De modo geral, as pessoas à frente das cobranças nessa empresa não são capacitadas. Tem muita gente massacrada por um trabalho burocrático, manual e chato, o que acaba limando a empatia, a inteligência emocional e a capacidade de se comunicar bem para ligar cobrando os clientes ou saber renegociar.

Há, ainda, um problema que não é de quem está na linha de frente, que é o processo, ou a falta dele, algo que vem de lá de cima, da liderança. Os contratos não têm cláusulas ou medidas mais céleres em relação a atrasos e, para piorar, não há uma política de cobrança formalizada. Cansei de passar por empresas durante as consultorias e verificar que os clientes inadimplentes iam entrando para uma lista de telefonemas que o encarregado do financeiro deveria fazer nas horas em que estivesse livre. Isso acontecia por ordem de chegada na lista, sem nenhuma hierarquia ou prioridade.

Qual é a chance de isso trazer o resultado esperado? Quase nenhuma. É necessária uma política de cobrança estruturada e formalizada. Isso precisa ser feito pelos gestores e acordado pelo financeiro. Eles precisam receber um documento que diga em quantos dias após o atraso do pagamento o cliente receberá uma comunicação formal da cobrança. Após essa etapa, quantos dias até uma ligação. E após quantos dias os demais mecanismos e assim por diante. E essa programação tem que ser cumprida. Se foram estipulados 30 dias, a comunicação tem que ser feita nesse prazo.

Outra deficiência que encontro nas organizações que visito é técnica. Certa vez deparei com uma empresa de eventos em que a encarregada do financeiro não sabia distinguir nota ao consumidor de nota fiscal. Teve outra que, após a assinatura de um contrato como uma multinacional, deveria entrar em um portal, preencher um questionário e gerar uma chave de acesso que permitiria a cobrança. Era uma tela tão cheia de detalhes para preencher que a pessoa não estava preparada. Ou preenchia errado e tinha que entrar em contato para pedir instruções, ou demorava dias para preencher, e isso tinha uma influência péssima sobre o fluxo de caixa.

Essa é uma área também que, de modo geral, enfrenta dificuldade em gerar relatórios e documentar as negociações feitas. Vejo pouca comunicação entre o setor de cobranças e o CRM. O cliente liga, renegocia uma dívida e fica adimplente novamente, mas todo aquele histórico não aparece para a área comercial. A renegociação deveria influenciar negativamente na análise de crédito da pessoa, mas isso não acontece, pois o setor de cobrança ou não gerou um relatório sobre isso, ou a documentação não chegou até a área comercial.

### CONTAS A PAGAR

Imagine se você decidisse, hoje, que está na hora de sua empresa acabar. Você está cansado e quer mesmo ficar na praia, tomar água de coco e brincar com os seus netos. Você poderia, na situação em que a empresa está atualmente, fechar a operação, honrar todos os compromissos (trabalhistas, rescisórios e fiscais) e ainda sobrar dinheiro para os sócios?

Provavelmente, a resposta é não. Porque fazer reservas não é uma prática comum. **Não vejo empresas que provisionem recursos para** o caso de algo inesperado acontecer. É por isso que muitas têm problemas de fluxo de caixa. Como resultado, enfrentam dificuldade para pagar seus fornecedores, fazendo-o sempre com atraso — e isso vai se transformando em uma bola de neve.

Esse é um problema que pode nascer na gestão e na cultura da empresa, mas que um setor financeiro perspicaz consegue desenvolver mecanismos para oferecer. O primeiro é procurar renegociações e parcelamentos diretos com os credores. Há várias formas de fazer isso. Já vi empresa se regularizar e economizar muito dinheiro participando de programas de regularização fiscal lançados pelos órgãos governamentais, por exemplo. Também já vi casos em que o gestor pede alguns meses de carência para o fornecedor, a fim de poder se capitalizar, e depois paga tudo de uma vez (pode funcionar melhor em negócios que têm sazonalidade).

Outra potencialidade é oferecer benefícios para clientes que desejem antecipar pagamentos. Às vezes ele não sabe que existe essa possibilidade, mas tem interesse em adiantar os pagamentos de modo a receber descontos. Existem bens de consumo comprados a prazos mais longos, e a juros maiores, em épocas de menor disponibilidade de capital. Mas a situação pode mudar e o devedor se vê preso em longos parcelamentos, sendo que tem dinheiro em mãos para quitar o débito. Esse tipo de cliente pode ser explorado para se capitalizar e regularizar pagamentos na empresa quando há problemas de fluxo de caixa.

Essas são maneiras de agir sobre um problema e não se prevenir em relação a ele. O foco da empresa deve estar sempre no crescimento sustentável e organizado, que acompanhe a criação de reservas e a diminuição de exposição ao risco.

## 4.3. OPERAÇÕES

Não vou me surpreender se, neste momento, muitos leitores começarem a ficar frustrados com a ideia de terem que lidar até com questões essencialmente operacionais como armazenamento, transporte e logística.

Acontece que muitos empresários decidem começar o próprio negócio porque querem ser seus próprios patrões, ou porque fazem algo muito bem, como vender, por exemplo, e esperam que isso reverta em lucro para ele mesmo, não para uma grande empresa.

Então, vem um especialista em estratégia dizer que esse empresário não pode se dedicar exclusivamente a vender, que é o que ele realmente gosta. Pois eu insisto: quando você acha que toma as rédeas de um negócio, na verdade, é ele quem manda em você. **O empresário que faz só o que quer, ou só o que gosta, dificilmente vai passar muito tempo sem ter problemas** essenciais de gestão, sem ver o conjunto da obra começar a desmoronar. Isso porque a **responsabilidade é intransferível**.

Não estou dizendo que o empresário deve participar da rotina da cadeia de suprimentos. O que ele precisa é saber tomar as decisões corretas, entender que se trata de uma parte extremamente sensível na operação da empresa e que erros de cálculo podem ser fatais para os lucros e a continuidade da empresa.

**O empresário precisa saber fazer as perguntas certas, analisar os fatos, compreender os riscos e tomar as melhores decisões** para fazer seus produtos chegarem ao destino final pelo menor custo, garantindo a integridade dos materiais e o bom atendimento ao cliente. Um bom gestor toma as melhores decisões que garantem isso no dia a dia da operação.

Certa vez falei sobre isso em uma palestra para uma turma de Administração em uma grande universidade em São Paulo e quem assistia ficou incomodado. Acho que eles perceberam que, embora estudem todos os assuntos de forma separada, quando estiverem à frente de uma empresa vão enfrentar esses desafios todos de uma vez. Por isso tenho insistido tanto na visão holística, na capacidade de enxergar a empresa como um todo. Acredito que, até então, os estudantes acreditavam que, a não ser que se tornassem profissionais especializados em logística, nunca mais teriam que lidar com o tema. E o que eu estava dizendo era que, se quisessem se tornar administradores de verdade, estariam lidando com logística, e com todo o resto, o tempo todo.

## Supply chain

Já entramos na discussão sobre terceirizar ou fazer você mesmo no tópico sobre departamento de cobrança. Aqui a lógica continua em fazer a matemática para analisar os diferentes cenários e ver o que é mais vantajoso levando em conta os diferentes fatores: tamanho da operação, espaço físico, quantidade de recursos etc. A grande diferença, quando levamos em conta a cadeia de suprimentos, é o risco que envolve a operação.

Se a sua empresa possui a expertise da logística, o próprio negócio é quem absorve todo o risco. Se a decisão é de contratar uma empresa especializada, é possível transferir parte desse risco. Para entender melhor, vamos utilizar um exemplo simples e prático, em que não é preciso fazer cálculos complexos para entender a importância em pensar estrategicamente na logística do seu negócio.

Vamos supor que seja época de Natal e a empresa deseje enviar 100 presentes para os clientes, como uma forma de agradecimento pelo ano de parceria. Há duas opções: o departamento de marketing conduzir a ação com recursos internos, ou contratar uma empresa de entregas que vai se encarregar de garantir que todos os presentes cheguem para as pessoas certas dentro do prazo.

Não há fórmula mágica ou resposta certa. Tem que pesquisar. A região ou as condições (o tamanho da carga e até se as áreas de entrega são locais perigosos) influenciam no preço final. A diferença entre os orçamentos pode chegar a 1.000% — e não estou exagerando para provar o argumento.

Existe em logística um termo chamado consolidação. Quando isso é possível, os locais de entrega que você determinou para a empresa contratada já são, mais ou menos, os mesmos das rotas que ela já tem consolidadas com outros clientes. Então, o custo fixo dessa operação já está pago pelos outros contratos, e o seu pedido representa apenas lucro para o fornecedor. Isso abre mais brechas para ele te oferecer preços mais competitivos, pois os custos internos em pessoal, veículos e combustível estão otimizados.

Agora, quando a empresa de logística não consegue consolidar, pode ser que seja mais vantajoso o seu funcionário do marketing pegar um táxi, ou algum aplicativo de mobilidade, para os 100 locais e fazer ele mesmo a entrega. Pode sair até mais barato.

Levando em conta o conceito de risco, qual é a grande diferença entre os dois cenários? Com o aplicativo de transporte, a sua empresa está absorvendo os custos de possíveis erros de rota ou engarrafamentos e acidentes. O taxímetro não para de girar se algum imprevisto acontecer. Na terceirização, os contratos costumam ser por preços fixos, e, se houver erros de cálculo ou imprevistos, a própria transportadora é quem vai arcar com esses prejuízos.

Agora, aplique essa lógica para todas as entregas da sua empresa e use a matemática: fazer internamente é tão mais barato que vale a pena arcar com os riscos ou sai mais barato contratar uma empresa especializada?

## Logística

É preciso ter sempre em mente que, quanto mais complexidade for somada à operação, mais perigosos são os riscos e maior é a tendência de terceirização da logística. Vamos supor que a operação envolva a entrega de chocolates, que precisam de refrigeração para não derreterem no caminho.

Talvez os orçamentos apresentados pelos fornecedores sejam assustadores à primeira vista. Mas, a menos que a sua empresa tenha o *know-how* de operações delicadas como essa, conte com pessoas realmente experientes e disponha da tecnologia necessária, a tendência é não internalizar esse tipo de risco.

Por outro lado, qual é a grande consequência que pode ocorrer da terceirização? É a perda do controle sobre a operação. É nesse momento que o empresário precisa ter à disposição as ferramentas certas para mensurar os riscos e encontrar maneiras de mitigá-los. Existem diversas possibilidades, e o importante é que elas resultem em um Painel de Monitoramento e Controle (PMC) que permita ao gestor ter uma panorama fidedigno do que está acontecendo. Por exemplo, há empresas que oferecem em tempo real a localização dos veículos. Outras fornecem a contratação de seguros específicos para o tipo de risco envolvido na operação.

## Transporte

É muito importante relacionar esse tema, também, à nossa discussão sobre relacionamento com os fornecedores. Vale lembrar que a ideia é formar parcerias perenes, em uma relação de ganha-ganha, em vez de tentar obter o menor preço a todo custo para esmagar seu fornecedor logo no primeiro ano de contrato.

Uma das maiores redes de supermercado no Brasil já passou por maus bocados por ultrapassar os limites nessa questão. Fizeram uma concorrência entre fornecedores pela modalidade menor preço (modalidade da qual sou bem crítico, pois pode resultar em contratações bizarras). O objetivo era transportar material promocional de uma grande campanha de marketing para vários supermercados da rede.

Após a assinatura do contrato, houve mudança em uma das rotas, mas o fornecedor, por um erro de cálculo, seguiu adiante com o que tinha planejado. Quando foi perceber o erro, uma operação projetada para gerar 11% de lucro estava dando um prejuízo de 4%. As operações foram paralisadas imediatamente. Os contratantes tentaram resolver na base das ameaças e o fornecedor não cedeu. A lógica deste era a de que, como era um negócio pequeno, o processo judicial seria menos fatal e demoraria mais do que continuar com aquele contrato catastrófico. O resultado foi o fracasso da campanha, em uma situação na qual, enquanto ela estava sendo executada, vários supermercados atendidos por aquele fornecedor não receberam os materiais promocionais.

Esse exemplo traz bastante claro o porquê de falarmos anteriormente em transferir parte dos riscos e sobre a necessidade de ter um PMC para detectar possíveis problemas na prestação dos serviços, a ponto de haver tempo-resposta para mitigar possíveis riscos, antes que eles comprometam toda a operação. Afinal, estamos transferindo riscos, mas, se eles se concretizam, os resultados são sentidos pela própria empresa e, talvez, pelos clientes.

### 4.4. SERVIÇO DE ATENDIMENTO AO CLIENTE

**Quando pensamos em empresas com ótima reputação, a exemplo da Netflix, da Lego ou da rede de hotéis Merriot, percebemos que essas empresas estão sempre muito bem classificadas em rankings que dizem respeito à satisfação dos clientes.** Não coincidentemente, são companhias que revertem bons resultados financeiros para seus investidores e acionistas. E essa relação não vem por acaso.

Engana-se quem pensa que um bom relacionamento com os clientes e investimentos maiores em departamentos de SAC começam depois que a empresa já se tornou um grande *player*. Muito pelo contrário, há muitas *startups* hoje em dia ganhando mercado porque encontram nos diferentes nichos casos em que simplesmente não há grandes empresas atendendo bem os clientes. Só para citar alguns exemplos, o Uber abriu um mercado totalmente novo ao enxergar que as pessoas não estavam satisfeitas com os táxis; e o Nubank é um fenômeno no Brasil, onde as pessoas costumam ter um péssimo relacionamento com bancos e operadoras de cartão de crédito.

A Amazon é um exemplo que põe por água abaixo a teoria de que uma empresa precisa ser grande para conseguir investir em atender bem o cliente. Desde o início da operação, eles investem pesado nesse relacionamento. Mesmo após se tornar uma operação gigantesca, ainda consegue enxergar valor no atendimento ao cliente. Eles até adquiriram o Zappos, uma rede de varejo *on-line* com modelo de negócio completamente atípico e disruptivo, por 1,2 bilhão de dólares. Na época, essa empresa era apenas uma *startup* e, possivelmente, ainda nem dava lucro.

Mas falar em atender bem pode se tornar algo muito subjetivo quando isso não é mensurado. Muitas vezes o empresário acredita estar no caminho certo quando, na verdade, está investindo em iniciativas nas quais o seu público-alvo não está enxergando valor.

Empresas e corporações do mundo inteiro utilizam uma metodologia de pesquisa de satisfação dos clientes chamada Net Promoter Score (NPS), desenvolvida por Fred Reichheld, nos Estados Unidos. Esse método consiste, em resumo, na aplicação de um questionário com uma escala de 1 a 10 (sendo 10 muito satisfeito) para mensurar como está o relacionamento com os clientes. A partir dessa coleta, é feita uma média entre as respostas de 1 a 6 e os que responderam de 9 a 10. A partir desse índice se tem uma base do quão satisfeitos os clientes estão.

Outra inovação trazida por esse modelo é chamada métrica 4, que consiste em saber qual a possibilidade de o cliente indicar o produto ou serviço da empresa para um amigo ou conhecido. Acontece que, nas pesquisas realizadas pelo teórico, essa é uma pergunta mais eficaz na hora de medir o grau de satisfação do que simplesmente perguntar "você está satisfeito?".

Uma grande rede de 300 lojas de calçados uma vez também resolveu mensurar a relação entre satisfação dos clientes com negócios futuros. Eles perguntaram para os consumidores o quanto estes haviam comprado nos últimos meses, se estavam satisfeitos e qual seria a probabilidade de voltarem a comprar na loja no futuro. Uma análise desse estudo comprovou que era possível projetar quantos clientes voltariam a comprar, com base no nível de satisfação atual.

Além disso, um estudo realizado por Lindsay McGregor e Neel Doshi comprovou a relação direta entre o nível de satisfação dos funcionários e o dos clientes. No Brasil, isso é realmente difícil de entrar na cabeça dos empresários: a ideia de que funcionários bem remunerados e motivados trazem clientes mais satisfeitos. Há algum tempo, viralizou nas redes sociais a postagem de uma mulher que, ao visitar uma escola infantil onde desejava matricular sua filha, perguntava quanto ganhavam os professores. A lógica desse *post* crítico era a de que, em vez de prestar atenção nas instalações modernas e nos aparatos tecnológicos mirabolantes de que a filha dela, ainda um bebê, nem conseguiria usufruir, a mãe estava preocupada em saber quão comprometidas e motivadas estavam as pessoas responsáveis pela educação da criança.

Ficou bem clara a importância do cuidado no relacionamento com o cliente, sobretudo na fase pós-venda, que geralmente é feita pelo SAC da empresa. Porém, de modo geral, vejo muitas empresas investindo pesado em campanhas de marketing bem agressivas, que aumentam a base de clientes, e um SAC às moscas, piorando a qualidade desse relacionamento e manchando a reputação da empresa.

Períodos de crise econômica nos ajudam a entender muito a prioridade que o relacionamento com os cliente costuma ter dentro das organizações. Um estudo que realizamos no SCAI Group, com grandes empresas, em 2016, mostrou que apenas 32,4% das empresas não haviam efetuado cortes no SAC. Por outro lado, 45,9% delas afirmaram que a demanda aumentou no quesito atendimento ao cliente. Essa é, portanto, uma situação no mínimo contraditória.

Com os efeitos da crise, os clientes estão mais nervosos e procurando mais o SAC para relatar insatisfações com as empresas. Estas, por sua vez, não se preparam para essa repercussão negativa e ainda realizam cortes na área, tanto em recursos quanto em capacitação. Isso resulta em clientes decepcionados sendo atendidos com demora e por pessoal mal treinado.

O que as empresas deveriam estar fazendo é enxergar oportunidades nos tempos de crise e entender a área do SAC como uma ferramenta estratégica para alcançar resultados, a ponto de funcionar como um diferencial. O primeiro passo é o diagnóstico. Nesse sentido, gosto de uma abordagem que os médicos utilizam bastante, chamada SOAP, que vem de uma sigla em inglês para *subjective* (subjetivo), *objective* (objetivo), *assessment* (avaliação) e *plan* (plano).

Portanto, é como ir a um consultório. O médico vai te perguntar o que você está sentindo (subjetivo), vai te submeter a exames clínicos (objetivo), vai te dar um diagnóstico (avaliação) e te prescrever o tratamento adequado (plano). É basicamente isso que a empresa precisa fazer no tratamento com o cliente. Em primeiro lugar, perguntar qual é sua percepção em relação à empresa — essa é uma opinião subjetiva; depois, cruzar isso com os relatórios da empresa — que fornecem dados objetivos a respeito da situação. A partir desse conjunto você vai chegar ao diagnóstico e conseguir traçar um plano de ação. Estou falando de definir uma estratégia que vai colocar a sua empresa e a equipe de colaboradores em um cenário de motivação, de propósito, de um emocional preparado para um cenário de mudanças e da exploração dos diferente potenciais para o sucesso da empresa. É esse o papel, do ponto de vista da liderança, de uma área de relacionamento com os clientes, para uma organização.

### 4.5. MARKETING

Há uma frase muito famosa no idioma inglês cuja tradução é, mais ou menos, que o mais importante é a jornada e não o destino final em si. Isso não poderia ser mais verdade para as histórias das empresas. No entanto, muitas delas são focadas apenas em resultados, sem olhar para um contexto, o que me faz questionar muito os sistemas de meritocracia aplicados no ambiente corporativo.

O marketing é a área em estratégia corporativa que mais corrobora um argumento que já apresentei anteriormente: mesmo que os métodos utilizados pela empresa estejam equivocados, se ela estiver em um bom mercado de atuação, ainda assim os resultados podem ser excelentes.

Observei isso de forma bem clara quando fiz uma série de entrevistas com executivos e diretores de marketing dos maiores grupos farmacêuticos do país. Todos, não preciso nem comentar, com faturamentos e lucros que ultrapassam os bilhões. Trata-se de um dos maiores mercados, com tendências constantes de crescimento no Brasil e no mundo. Isso acontece devido ao avanço tecnológico — o que permite que novas drogas e tratamentos surjam — e ao fato de a população estar cada vez mais doente, seja por exposição à poluição, pelos maus hábitos de vida ou pelo estresse.

Conversei com representantes de empresas com os mais diferentes tipos de estratégias. Havia aqueles com um foco em uma região, outros com lojas em todos os estados. Alguns focavam em ambientes gigantes que abrigavam diversos departamentos, outras tinham butiques. Algumas tinham estratégias de marketing totalmente agressivas e outras eram focadas só no menor preço. Acontece que, boas ou ruins, as táticas davam resultado, porque o mercado de fármacos estava indo muito bem.

E a lógica inversa é também válida. Ocorre em campanhas eleitorais, por exemplo. O candidato pode contratar o melhor marqueteiro disponível, aquele que oferece uma estratégia brilhante. Se a reputação do político está muito deteriorada no seu berço eleitoral, não há campanha que seja capaz de reverter essa situação.

### UMA FORÇA AGREGADORA

**O que um empresário precisa ter em mente é que o marketing, necessariamente, reflete a estratégia da empresa. Ele precisa ser uma força capaz de agregar e influenciar todos os departamentos para cumprir o MVV e colocar em prática o que a empresa acredita. Se essa estratégia corporativa é falha, a de marketing também tende a sucumbir.**

Certa vez, acompanhei como consultor um processo de concorrência promovido por uma grande empresa de televisão por assinatura via satélite. O processo pretendia contratar uma empresa para produzir os conteúdos de um canal próprio de entretenimento. Fui convidado para assistir aos chamados *pitches*, apresentações curtas que os concorrentes faziam para uma banca avaliadora, a fim de mostrar suas ideias e o plano de ação. A maioria dos proponentes trouxe apresentadores de TV ou comediantes de *stand-up* que funcionariam como âncoras do canal, com a ideia de viralizar vídeos e atrair espectadores.

Quando me foi dada a palavra, não hesitei em falar que a estratégia daquele canal era equivocada. Era só dar uma olhada para os concorrentes e ver que o mercado estava caminhando para o conteúdo sob demanda. Era questão de prestar atenção na popularidade do YouTube e da Netflix. Os brasileiros assistem há décadas os mesmos três ou quatros canais, e, se isso não mudou até hoje, não tende a mudar. Então, comecei a explicar que eles tinham que aplicar soluções mais inovadoras sob demanda, como a aplicação de inteligência artificial para entender o que o espectador mais gosta e oferecer aquilo que ele deseja.

Na ocasião eu não percebi, mas um colega que acompanhou a reunião me disse que o clima ficou bastante peculiar depois da minha fala. Os executivos que estavam mexendo no celular começaram a prestar atenção, e outros começaram a conversar entre si. Eu certamente feri alguns egos naquela ocasião, mas tinha que falar a verdade. Não foi surpresa para mim quando o projeto foi cancelado pouco tempo depois.

Fato é que existem duas possibilidades de estruturação do marketing. Se estamos nos referindo a uma empresa nova, que está surgindo, geralmente as pessoas são selecionadas com base na estratégia predefinida, ou seja, a empresa já tem muito bem traçados os canais e o modelo de ação, contratando as pessoas com a expertise necessária para esse planejamento e execução. Porém, se é uma empresa em reestruturação, aquele velho problema de convencer pessoas sobre novos processos volta a ser um obstáculo, mas que pode ser superado.

## Seja coerente

O marketing tem como principal função passar de maneira muito clara o discurso da empresa, de que forma ela quer tratar e como quer ser vista pelos clientes. Seja pelos canais utilizados, pela maneira de abordagem ou pela precificação, o marketing precisa ser muito coerente com a proposta. Pode ser que a estratégia seja conquistar pelo preço mais baixo. Não há o menor problema com relação a isso, contanto que a comunicação com o cliente seja feita dessa maneira. Se, por outro lado, a empresa decide vender experiências diversificadas, tem um público mais selecionado, é preciso entender que o cliente quer um tratamento diferenciado.

O que eu percebo nas empresas é justamente o contrário. Já visitei algumas em que a pessoa responsável pelo marketing devia ter vergonha de se denominar um profissional de comunicação, pois atuava mais como um auxiliar administrativo ou estagiário, de tão burocrático e ingênuo que era seu trabalho. Não tinha visão, conhecimento e não conseguia influenciar as pessoas. Tenho insistido muito na empresa como um organismo só, que precisa da integração de todos os órgãos e sistemas, e o marketing deve ser como o sangue que é bombeado para todas as partes do corpo.

O marketing precisa muito disso para desempenhar uma de suas funções principais, que é o *product management*. Para chegar à melhor solução ou serviço, a empresa precisa dos dados essenciais enviados por todos os demais departamentos. É preciso conhecer bem o cliente, pois, caso estejam investindo no produto errado, pode-se abandonar o projeto e eliminar logo aquele custo; é preciso saber como e quanto o cliente compra para trabalhar com pacotes e faixas de preço (estratégias de precificação); e é necessário fazer testes.

Gosto muito da ideia de diretorias de marketing que trabalham com o conceito de versões do produto. As empresas de software são as que geralmente melhor trabalham com essa ideia. Elas lançam um produto na versão 1.0 e tentam analisar como ele se comporta no mercado. A partir daí, vão implementando melhorias e atualizando as versões 1.1, 1.2 e assim por diante. Esse processo depende, necessariamente, da integração com outras áreas, sobretudo a do comercial e a de finanças, que serão responsáveis por concretizar a concessão de crédito e a comercialização das versões de teste de alguns produtos e gerar, posteriormente, os relatórios.

Também existem ações de marketing que são confundidas com atribuições de outras áreas da empresa e acabam sendo executadas por pessoas que não estão qualificadas para aquilo, ou que não o realizam para o propósito realmente almejado. É o caso dos eventos e dos treinamentos de pessoal. Muitas vezes os detalhes de alguns eventos ficam por conta de pessoas no *backoffice*, os auxiliares administrativos e financeiros, que pensam somente nos menores orçamentos, quando na verdade o foco deveria estar na experiência proporcionada ao público-alvo. Os treinamentos também são, geralmente, direcionados pelo RH, quando na verdade se referem a capacitações sobre campanhas de marketing da empresa. Isso pode ser muito prejudicial para a eficácia, pois as pessoas que vão estar lá na linha de frente, lidando diretamente com os clientes, são treinadas por profissionais que não estiveram diretamente envolvidos com a campanha e trabalharão apenas os aspectos elementares da gestão de pessoas.

Falando ainda em pessoas, vejo um grande problema no perfil dos profissionais que as empresas contratam para o marketing. Acredito ser essa uma área na qual, muito mais do que QI (quociente de inteligência), trata-se de IE (inteligência emocional). Nessas horas, costumo pensar nas pessoas que serviram o exército comigo em Israel. Conforme já contei, eram, talvez, as pessoas mais brilhantes da minha geração, mas eu jamais contrataria alguma delas para cuidar do marketing da minha empresa. Muito mais do que tomar decisões que exigem um profundo grau de conhecimento, essa área é mais ligada à empatia e à capacidade de influenciar.

Por isso, a principal mensagem que eu poderia transmitir a um empresário quando pensa na sua equipe de marketing é: tenha um time com capacidade de influenciar pessoas. E a minha grande crítica aos cursos acadêmicos de marketing é que os profissionais não precisam, necessariamente, aprender a fazer uma campanha publicitária ou montar um site. Eu sei que isso também faz parte, mas tenho a impressão de que as faculdades estão focando muito nesse aspecto mais técnico e sufocando a capacidade de questionar, de criar e inovar dessas pessoas, que são os futuros profissionais dessas empresas.

## 4.6. RELAÇÕES-PÚBLICAS

Se eu pudesse corrigir o ditado popular que diz "dinheiro atrai dinheiro", seria para "reputação atrai dinheiro". Não me contenho em dizer que reputação é o ativo mais valioso que uma empresa pode construir. Isso porque nós caminhamos para um mundo em que, se você não tem uma rede de confiança, ninguém vai querer comprar de você.

É claro que existem as exceções, como a indústria do cigarro. Mesmo com uma imagem muito negativa e a divulgação de cada vez mais resultados científicos sobre os malefícios do tabagismo, o número de fãs não parece diminuir. Porém, para a maioria das áreas de atuação essa verdade não é válida, quando percebemos que esta é uma era de hiperinformação, em que as redes sociais e as pessoas que utilizam a internet, em geral, não estão prontas para perdoar.

Hoje em dia, é muito comum as pessoas recorrerem a mecanismos de avaliação, como o TripAdvisor, ou verificar se não há ocorrências em um site como o Reclame Aqui. Em geral, conseguem diminuir a tensão da compra se baseando nos relatos e nas experiências de outras pessoas. Isso acontece porque a chance de acerto é maior: alugar um quarto de hotel ou ir a um restaurante que tem classificação de cinco estrelas entre os usuários é, sem dúvida, muito mais seguro do que locais cuja avaliação é de apenas uma estrela.

Então, a maior parte dos esforços nesse momento em que estamos falando de relações-públicas está em desenvolver estratégias que permitam que a empresa tenha bons depoimentos públicos de clientes satisfeitos, a ponto de fazerem postagens ou gravarem vídeos elogiando o serviço ou produto, ou compartilhando uma experiência positiva que tiveram. Mais ainda, que isso possa repercutir em diferentes canais de comunicação, trazendo *feedbacks* espontâneos para a empresa.

## Vendendo sensações

Esse cenário só pode acontecer quando trabalhamos com a experiência. Isso já está mais do que comprovado: as pessoas não estão mais atrás de produtos, elas querem sensações e diferenciais. Um público bem qualificado, hoje em dia, não quer comprar pó de café. Quer entrar na loja da Nespresso, comprar aquelas máquinas bonitas, com cápsulas estilosas, e servir uma bebida com aquele aroma gostoso. É uma situação em que consumidor percebe que existe valor agregado.

Eu, por exemplo, ao escrever este livro, não teria dúvidas em falar bem de empresas como a Amazon ou a Google. Me vêm rapidamente algumas experiências positivas que tive com essas empresas. Com a Google, quando me cadastrei no serviço de AdSense, em apenas um minuto tinha um funcionário muito simpático e bem treinado me oferecendo, por telefone, explicações sobre como trabalhar com a ferramenta.

Na Amazon, foram pelo menos duas ocasiões. Em uma delas, comprei um livro cujo prazo de entrega era de duas semanas. Passadas três, enviei um e-mail comunicando o atraso. Não só recebi o livro como tive a cobrança estornada. Em outra situação, comprei o livro e depois houve um problema com a operadora de cartão de crédito. A entrega foi feita e só depois recebi um e-mail explicando sobre a situação e me pedindo para efetuar o pagamento de outra forma.

Acontece que eu percebia ali processos estruturados e uma constante preocupação em jamais estragar a experiência. Não foi por acaso e nem porque essas empresas fazem investimentos exorbitantes no atendimento. Foi porque elas estudam seus clientes e, a partir dos dados, interpretam a melhor maneira de proporcionar boas lembranças para os usuários.

A Google, com certeza, estudou quantos clientes se cadastravam por hora na plataforma e estudou de que forma teria pessoal necessário para ligar toda vez, tão logo alguém se cadastrasse. A Amazon, decerto, tem mecanismos que protegem financeiramente a empresa, permitindo-lhe abrir mão de certo poder de contestação em relação às reclamações dos clientes, a fim de não arruinar a experiência com cobranças desagradáveis.

E isso não significa que as empresas com a melhor reputação são as mais caras não. Pelo contrário. Às vezes, por serem muito bem conceituadas, elas possuem os melhores talentos, fornecedores, investidores, e, com todo esse poder de barganha, conseguem oferecer preços mais competitivos.

No entanto, em geral, as empresas estão na contramão ou pior, em um redemoinho que está levando para o fundo. Como têm pouca reputação, topam vender para qualquer cliente — o primeiro que aparece —, aquele que muitas vezes não sabe o que quer, ou que não está com a expectativa alinhada. Afinal, a empresa não o conhece ou o aceitou de qualquer jeito. Isso gera uma frustração que vai repercutindo e afastando cada vez mais os melhores clientes. O resultado é um *looping* de atendimentos cada vez mais automáticos e clientes frustrados até que a empresa chegue ao fundo do poço.

Acontece também de as empresas conquistarem reputações que não são exatamente alinhadas com sua missão. Por exemplo, quando nos lembramos de uma firma de logística que tem a fama de entregar sempre quando há urgência. Ela pode ser uma empresa de confiança, mas pode gerar o efeito contrário: o cliente não procurá-la quando não há pressa. Então, tudo tem que ser muito bem pensado e alinhado com a estratégia, sendo executado pela área de relações-públicas no fortalecimento da imagem da empresa.

Do ponto de vista do empresário ou do gestor, é essencial ter parâmetros sobre a reputação da empresa em seu Painel de Monitoramento e Controle. Com essas informações em mãos, recomendo a realização de pelo menos uma reunião ao ano com seu conselho consultivo só para tratar dessa questão. O objetivo é avaliar que medidas estão sendo tomadas dos pontos de vista estratégico, tático e operacional para melhorar a reputação da empresa e que plano de ação foi traçado para alcançar um cenário desejável.

## 4.7. RECURSOS HUMANOS

Em 2001, prestei consultoria para uma empresa que queria desenvolver um software para análise fundamentalista e técnica de ações na bolsa de valores. Foi uma experiência em que tive, por acaso, a oportunidade de lidar com dois projetos muito parecidos no conteúdo, um em Israel e outro no Brasil.

Do lado brasileiro, foram 16 pessoas trabalhando ao longo de dois anos e o resultado era apenas de médio para pouco satisfatório. Já em

Israel, em seis meses tínhamos um produto para apresentar nacionalmente, e nossa equipe tinha apenas três pessoas. Os recursos disponíveis eram muito parecidos, e eu só podia concluir que a diferença estava na capacitação das equipes. E não foi engano meu: percebi que havia um abismo entre as habilidade apresentadas nos dois lados. Esse é, para mim, um exemplo emblemático do impacto absurdo que as competências têm sobre os resultados dos projetos nas empresas.

Há um problema sério na área de recursos humanos em filtrar esses profissionais e recrutar aqueles que possuem as melhores habilidades. Isso porque é muito tênue a linha entre o não saber e dizer que faz; o saber pouco e fazer mais ou menos; e o saber e realmente fazer, dado o modelo de seleção e recrutamento que predomina no Brasil.

É muito comum adotar um sistema que consiste basicamente em divulgar a vaga, selecionar currículos, aplicar as entrevistas e contratar o candidato que se sair melhor. Existem dois grandes problemas nessa fórmula: em primeiro lugar, o currículo é um documento autodeclaratório e que pode estar cheio de mentiras ou exageros. Na maior parte das vezes, aliás, ele não será necessário. **Então, é preciso que o processo de análise curricular seja acompanhado de testes práticos para validar as habilidades que são declaradas em um CV.** Se a pessoa diz que tem inglês fluente, por exemplo, nada mais básico do que aplicar uma prova de conhecimentos avançados na língua e uma entrevista nesse idioma. Se a vaga exige o manuseio de algum software, nada mais justo do que pedir para o candidato executar uma tarefa complexa para comprovar.

E veja bem que eu falei de habilidades e não de competências. Essa é uma distinção de conceitos que precisa ficar bem clara. Habilidade pode ser um idioma, alguma expertise, algo que o candidato aprendeu por meio de capacitações. Já as competências estão mais atreladas às capacidades psicológicas, comportamentais e emocionais do funcionário: liderança, organização, transparência e capacidade de resolver problemas.

É muito comum em testes seletivos os candidatos passarem por dinâmicas de grupo e testes de personalidade para avaliar as competências, mas é muito raro ver avaliações mais práticas, sobre habilidades que podem ser medidas de maneira objetiva. Afinal, é muito mais fácil e eficaz verificar se a pessoa possui o domínio do idioma do que se ela trabalha bem em equipe.

Outro grande problema é que uma entrevista não é capaz de checar a índole do candidato. Ele está ali preparado para transparecer a sua melhor versão, a fim de convencer você da contratação. Então, uma simples entrevista não filtra os mal-intencionados. Ainda assim, muitas pessoas efetuam contratações sem antes ir buscar referências com antigos empregadores ou colegas de trabalho. É quase como se o recrutador tivesse medo de investigar a vida do candidato.

Parece meio básico, e eu tenho certeza que a maioria dos responsáveis pela gestão de pessoas nas empresas deveria ter essa noção. Mas por que elas insistem em processos de recrutamento falhos? Se eu tivesse que apostar, seria no fato de as contratações serem sempre feitas às pressas.

Por isso, **é essencial a prática do processo seletivo constante**, tendo a empresa vagas abertas ou não. Essa história de bancos de currículos poderosos não é só uma invenção: eles realmente existem e podem funcionar muito bem. Dessa forma, quando houver necessidade de contratação, você já terá eliminado diversas etapas do processo, pois as pessoas já estarão no seu banco com todas as informações mapeadas. Assim, sobrará mais tempo para se dedicar às fases de verificação das habilidades e da idoneidade do candidato.

O recrutamento é, portanto, um processo contínuo e não reativo. É preciso mudar a mentalidade para fazer contratações mais estratégicas, com foco em trazer para a empresa as melhores pessoas, que tenham a capacidade de ajudar a organização a melhorar, com responsabilidade, comprometimento e autoaprendizagem.

Além do fator mais ligado às habilidades, **é preciso se certificar de que um processo seletivo anule qualquer possibilidade de preconceito com base em cor, gênero, etnia, origem, orientação sexual, religião ou algum outro fator.** É extremamente nociva a uma empresa a prática discriminatória em qualquer grau, e a gestão de pessoas desempenha um papel fundamental em garantir chances igualitárias, um ambiente diverso e, se preciso, até a implementação de medidas que tornem a empresa mais inclusiva.

Outro aspecto fundamental é que **o funcionário precisa ter a capacidade de ser autodidata**. Foi-se o tempo em que as empresas promoviam cursos, subsidiavam pós-graduações ou traziam professores de inglês *in company* para suprir alguma carência dentro das equipes. Com a escassez cada vez maior de recursos para a gestão de pessoas, a popularização dos ambientes virtuais de aprendizagem e um aumento nos níveis educacionais no país, que estão tornando a mão de obra mais bem qualificada, acho muito difícil que, daqui a poucos anos, as empresas ainda esperem que o candidato as procurem para fazer algum curso — o processo deverá ser automático.

Mas isso é possível de verificar, digo a capacidade de a pessoa aprender sozinha? Eu diria que sim. Basta aplicar testes complexos com a possibilidade de consulta a livros e à internet. Se a pessoa tiver a habilidade de pesquisar, reunir fontes, dados, interpretá-los e então chegar a uma resposta, ela certamente nem sempre terá todas as soluções, mas conhecerá processos e ferramentas para desenvolver um método e chegar até a resposta.

**Outra prática/crença nociva no RH é a de que as melhores pessoas são as mais caras.** E não só me refiro à pretensão salarial, mas também às origens do candidato. Sabe aquela velha história de olhar se ele veio de uma faculdade conceituada ou se tem experiências no exterior? Acontece que tudo o que eu citei até agora como essencial — habilidades, caráter e capacidade de aprendizagem — está muito mais ligado à pessoa do que aos títulos que ela carrega.

Por fim, eu gostaria de ressaltar a importância estratégica que o RH deve desempenhar. Aqueles à frente da gestão de pessoas devem conhecer muito bem os valores da empresa e selecionar aqueles que acreditam ser capazes de conduzir seus trabalhos pautados naquilo que a empresa acredita. Creio que uma forte aliada à transversalidade que o conhecimento em RH exige está na multidisciplinaridade. Afinal, trata-se de uma área dominada por pessoas com formação em psicologia, administração ou em cursos específicos de gestão de pessoas. Eu acredito em profissionais que aliam essas habilidades a outros conhecimentos mais técnicos, como economia ou contabilidade, por exemplo. Por isso, recomendo sempre aos empresários que formem profissionais de RH mais plurais.

## 4.8. GOVERNANÇA, RISCO E *COMPLIANCE*

Muitos acreditam que a estruturação de uma estratégia em governança, risco e *compliance* é algo exclusivo de empresas de grande porte, ou daquelas que trabalham em áreas com alta regulamentação, como os medicamentos, por exemplo, ou até para as empresas que só vendem para o governo.

No entanto, muito mais do que uma área no organograma da empresa, o *compliance* é uma prática que precisa permear todas as ações dos colaboradores, de modo a garantir sua integridade e reputação. **Compliance é, para bom leigo entender, estar nos conformes, em conformidade com tudo o que baliza o correto, seja em aspectos tributários, ambientais, trabalhistas, humanos, culturais etc.**

Se a sua organização não dispõe de uma estrutura que se dê ao luxo de alocar profissionais dedicados à produção de documentação e auditoria de relatórios, existem, mesmo assim, algumas decisões no âmbito estratégico que precisam ser tomadas para garantir uma boa governança na empresa.

A primeira delas é a política de *compliance*. É ela quem vai estabelecer limites e normas que vão separar o que é aceitável do que não é. Muito além de defini-la, vejo que muitas empresas não a formalizam por escrito e também não a divulgam para os colaboradores como deveriam fazer.

Acontece que, **na maioria das vezes, as empresas confundem a política com os processos.** Esses sim podem demorar muito para serem mapeados. Além de levarem muito tempo, podem gerar uma documentação que talvez ninguém nunca leia.

Mas estamos falando aqui de uma política, algo que pode ser uma frase ou uma folha, mas que funciona como um contrato entre a empresa e o funcionário, em que ambas as partes estão entrando em um acordo sobre o permitido ou não. Por exemplo, qual é a *smoking policy* da sua empresa? "Os funcionários são permitidos a fumar somente na área externa, no pátio designado. Eles deverão bater o ponto, a fim de não computar os minutos que passam fumando como tempo trabalhado." Viu como é fácil? Em apenas algumas linhas, você define os parâmetros para criar uma política de boa vizinhança ou de aplicação de regras mais rígidas.

Pode parecer meio óbvio e até questão de bom senso, mas, na verdade, há muitas situações em que fica relativo o que a empresa enxerga como recomendado, e isso pode até dividir opiniões. Por exemplo, existem empresas que proíbem relacionamentos amorosos entre gerentes e subordinados. Outras enxergam isso com naturalidade. Há empresas que permitem que os funcionários participem de jantares bancados pelo cliente. Outras já não enxergam com bons olhos.

Não se trata apenas do que é certo ou é errado, pois isso vai muito além da opinião e da bagagem cultural e psíquica de cada um. Tem mais relação com fortalecer dentro da empresa uma cultura, uma mensagem que reforce os valores pregados, aquilo em que a empresa acredita.

Portanto, até que a organização tenha porte para estruturar uma área específica de governança, risco e *compliance*, sugiro aos empresários que olhem dentro de cada departamento da empresa e criem um checklist de condutas que podem gerar dúvidas sobre a sua moralidade dentro do diagnóstico da companhia. A partir dessa lista, é possível estimular o diálogo até que se chegue a uma política capaz de abranger cada um dos pontos citados. É um exercício que trará, também, mais segurança para os funcionários e gestores, que abandonarão o achismo em muitas de suas investidas ao longo da trajetória como profissionais.

Agora, partindo para o lado da empresa, **se você quer ganhar eficiência e escala, a governança é seu melhor amigo**, exatamente pelo poder de descentralização que ela exerce sobre a gestão do negócio.

Organizações que têm uma governança muito bem formada, que possui processos e parâmetros desenhados, essas sim têm maior capacidade de operar "no automático" e até de serem replicadas para outros lugares.

Basta olhar o modelo de franquias do McDonald's, por exemplo. Por meio da padronização e do treinamento, eles conseguem, quase que de modo geral, commoditizar a experiência que proporcionam aos clientes, fator que se tornou essencial para pudessem se tornar uma empresa global.

É até engraçado chegarmos a discutir padronização, pois em nosso subconsciente isso é algo tão natural. Pense na sua empresa como uma tomada na qual você quer plugar um aparelho eletrônico. Se não souber qual é a norma (se é 110v ou 220v), você pode acabar queimando o dispositivo. Nas empresas funciona da mesma forma: se os colaboradores não tiverem parâmetros, a empresa pode ser prejudicada.

Falando em tomadas, se queremos entender melhor como a padronização afeta diretamente o nosso cotidiano, basta lembrar as dores de cabeça quando houve a alteração dos padrões de tomada no Brasil. Foi uma mudança simples, mas infundada, um grande exemplo de como uma política mal planejada pode afetar diretamente as pessoas. Se não houvesse padrões, os cadeirantes não passariam pelas portas, os programas de computador não seriam capazes de rodar em sistemas operacionais diferentes e até mesmo encontrar uma lâmpada para sua casa poderia ser uma tarefa difícil. É preciso trazer essa lógica para a sua empresa: se certificar de que, mesmo que um funcionário seja substituído, o substituto será capaz de replicar o que o anterior estava fazendo. Mesmo que outra filial seja aberta em outro local, ela terá a mesma eficiência e processos semelhantes à matriz.

Agora, preciso tocar em um assunto bem delicado: muitas empresas têm uma política no papel, mas o que é feito, na verdade, se torna completamente diferente. É o fato se sobrepondo ao que está escrito. Existe até uma expressão para isso: negócio para inglês ver. Para quem não sabe, a origem desse ditado se refere à época em que o Brasil aboliu o comércio de escravos, apenas no papel, devido à pressão da Inglaterra, mas continuou, na prática, com o tráfico negreiro.

Pois há empresas que fazem justamente isso e não percebem a gravidade que esse tipo de atitude traz consigo. É como ir ao médico e relatar seus sintomas de maneira equivocada propositalmente. Ele, consequentemente, vai solicitar os exames errados, que podem levar a diagnóstico e tratamento errados. Com as empresas funciona mais ou menos da mesma forma. Basta olhar para o exemplo das gigantes da tecnologia, que ficam de olho nas *startups*. Assim que alguma delas apresenta uma tecnologia que represente ameaça, as grandes empresas logo as compram e matam a novidade para evitar a concorrência.

Obviamente, essa estratégia não está formalizada por escrito, pois traria implicações legais, principalmente nos Estados Unidos, onde isso mais acontece. Mas os milhares de funcionários estão enxergando essa situação e recebendo uma mensagem errada, de que os verdadeiros valores da empresa podem ser deixados para trás a fim de massacrar os concorrentes a qualquer custo. Esse tipo de mensagem tende a ganhar escalabilidade e a acarretar grandes problemas para a governança das organizações.

## 4.9. DESENVOLVIMENTO DE NOVOS NEGÓCIOS

Considerando que o principal público que eu desejo alcançar com este livro seja formado por empresários que procuram uma forma de repensar seus métodos de gestão para aplicar estratégia e inovação com sucesso, quando menciono o desenvolvimento de novos negócios precisamos fazer o caminho inverso e começar falando, em um primeiro momentos, nos *Don'ts* (não faça, em inglês) para depois falarmos nos *Dos* (faça), nas boas práticas.

Em primeiro lugar: **se você resolver tirar um ano sabático,** passar um longo período afastado para ficar com **sua família ou fazer cursos, sua empresa teria o grau de independência necessário para continuar funcionando com a mesma eficiência?** Isso tem muito a ver com governança e *compliance*. Se a empresa tem um bom grau de padronização e possui processos bem estruturados, ela é capaz de caminhar pelas próprias pernas. Mas, se você acredita que não, que, se ficar fora por um tempo, quando voltar o resultado será catastrófico, pois a sua empresa precisa que você fique lá de babá o tempo todo, esse é um forte indicativo de que não é o momento de se aventurar em novos negócios.

Segundo: você tem um sócio ou pessoa de confiança que possa colocar no cargo mais alto da empresa no seu lugar, como presidente interino ou CEO, para que ele possa tocar a empresa no seu lugar enquanto você estiver focado em outro empreendimento? Se essa pessoa não existe ou não está preparada ainda, também significa que não é o momento de começar um novo negócio.

Por último, é preciso analisar por que você deseja entrar em um novo negócio. Se for somente porque a sua atual empresa está respirando por aparelhos ou porque você teve uma grande ideia de um milhão de dólares, acredito que seja o caso de colocar o pé no chão.

**É importante lembrar que a maioria das pessoas realmente bem-sucedidas no que fazem está naquele ramo há décadas.** Com certeza, nem sempre a vida deles foi repleta de sucesso e glamour. Foi somente após muitas tentativas e erros que elas alcançaram o topo. E só depois começaram a expandir as áreas de atuação, a entrar como investidores em mais nichos ou criar *spin-offs* das próprias empresas.

Acontece que, se toda vez que a sua empresa der sinais de fraqueza, você optar por desistir e começar tudo de novo, não vai ser possível criar raízes para o seu negócio. O empresário acaba virando aquele eterno aventureiro sem nunca, de fato, ser um empreendedor de sucesso.

Agora, falando dos *Dos*, do que realmente tem que ser feito, é preciso lembrar que bons negócios têm a ver mais com *timing* do que com orçamento. Se você enxerga uma oportunidade única, cria um novo modelo de negócio e, sobretudo, valida essa ideia no mercado, esse sim é o momento de embarcar em um negócio coadjuvante, enquanto sua empresa protagonista continua lá, funcionando como a sua principal fonte de renda.

Aqui eu tenho uma ressalva importante para fazer: a ideia de validação do novo modelo de negócio no mercado. Essa história de fazer um *business plan* com base somente em pesquisa e na sua experiência como empreendedor já não convence mais em uma realidade em que as necessidades mudam (ou surgem) rapidamente. Muito mais do que ficar na teoria e do que fazer um plano de negócio mirabolante, o empreendedor tem que ir ao mercado e testar seu produto ou solução. Se ele percebe que as pessoas compram, é sinal verde para continuar a desenvolver. Se for uma ideia inovadora, mas os clientes criarem resistência, ou é o caso de abandonar e economizar uma fortuna em um projeto que não ia dar certo mesmo, ou de amadurecer a ideia até que ela tenha uma resposta boa do mercado.

Acontece que, na maioria das vezes, o empresário faz um plano de negócio genérico, sem qualquer conexão com a realidade, pois tem preguiça de ir até o mercado para validar a ideia. Ele tem um apego tão grande à nova ideia que não quer ouvir *feedbacks*, não quer receber respostas negativas e não quer se relacionar com investidores.

Hoje em dia, principalmente no Brasil, o número de empresas inovadoras cresce muito e novos métodos de gestão se popularizam, como o *lean startup*, ou a *startup* enxuta, como preferirem. Essa técnica consiste em seguir o ciclo de construir, medir e aprender (*build, measure, learn*), promovendo um método ágil de desenvolvimento do negócio e em constante contato com o cliente. Eu acredito que métodos como esse não são tão novos assim. Eles estão ganhando novas denominações e uma cara nova, mas os preceitos são discutidos na administração, com Peter Drucker, por exemplo, desde os anos 1960, em suas discussões sobre eficiência.

Não importa que nome você dê ao seu método, o fato é que todos se baseiam, de modo geral, em não perder tempo com o que não gera valor. É aqui que o psicológico precisa agir muito forte na cabeça do empreendedor, porque é preciso pé no chão e humildade. Se o sujeito fica muito fascinado, às vezes acha uma ideia tão irresistível que acaba tirando recursos de um projeto que está dando certo para se aventurar em um novo negócio que lhe parece promissor. Ora, já discutimos que quem financia novos negócios é o investidor: nunca o fluxo de caixa!

Lembro até hoje de um fato muito marcante que vivi, em que uma empresa de tecnologia em plena ascensão me contratou para uma consultoria. Isso foi há muito tempo. Eles ainda estavam colhendo os frutos de terem desenvolvido a tecnologia na qual se baseou o *flash drive*, ou pen drive, como é mais conhecido no Brasil, uma unidade de armazenamento portátil com conexão USB.

Pois naquele momento eles estudavam a possibilidade de desenvolver um novo produto: um celular com conectividade parecida, que poderia ser conectado a uma TV ou aparelho com display e reproduzir a imagem em uma tela maior. Nós então marcamos um almoço para discutir a ideia. Foi em um dos maiores prédios de Tel Aviv, onde havia um restaurante na cobertura, com uma vista panorâmica em 360 graus, por onde se via toda a cidade.

Em meio àquele ambiente deslumbrante, a conversa ia bem quando um dos sócios quebrou uma taça de vinho e deixou os cacos de vidro caírem no chão. Todos estavam entretidos na conversa e continuaram normalmente quando percebi que passou por perto um casal com uma criança que tentou pegar um dos pedaços de vidro no chão. Logo imaginei que ela poderia se cortar ou tentar colocar o objeto na boca e me arremessei no chão para impedir. Imaginem só a cena: era um ambiente corporativo, repleto de engravatados, e eles presenciam um homem se arremessando ao chão, aos pés de uma criança, sabe-se lá por quê.

Depois de tirar o vidro de perto dela, me recompus e contei aos empresários (que assistiam boquiabertos à cena) que eu jamais recomendaria que fossem em frente com o projeto pois, caminhávamos cada vez mais para uma realidade em que as pessoas querem portabilidade, desejam ver tudo na tela do celular, e não reproduzir conteúdos em uma tela maior. Além do mais, era questão de tempo até que todos os aparelhos contassem com tecnologia *bluetooth* e, posteriormente, conexão *wireless*. Não fazia sentido que as pessoas fossem querer deixar um celular conectado à televisão.

A cena foi, no mínimo, estranha. Mas eu tinha ali a dura missão — além de salvar a criança de um acidente — de convencer a equipe a abandonar o projeto. Pense bem: eram empreendedores visionários, que tinham acabado de inventar, de fato, uma solução que tinha sido revolucionária na vida das pessoas (imagine o quanto os pen drives facilitaram a nossa rotina), somado ao fato de que haviam recebido um aporte milionário. Ainda assim, como ninguém hoje em dia pluga o celular na televisão, você pode imaginar que o projeto não foi para frente. Eles não me ouviram, gastaram milhares de dólares na ideia e quebraram por falta de demanda.

Fica, portanto, a lição de que um bom novo negócio tem que ser muito bem embasado. É preciso ouvir opiniões diversas, projetar diferentes cenários, antecipar suas jogadas para ter um bom tempo de resposta a possíveis problemas. E sempre tenha em mente que desenvolver novos negócios é uma estratégia para aproveitar ou alavancar oportunidades diferentes quando o seu negócio principal já está caminhando com as próprias pernas e não para criar realidades alternativas para uma empresa que não está dando certo.

## 4.10. CONTROLADORIA

Esse nome, ainda muito utilizado nas empresas brasileiras, é um tanto infeliz. Controladoria não se trata exatamente de estabelecer limites para a operação. O *controller* tem muito mais o papel de abastecer o conselho diretivo e os gestores com relatórios de performance do que interferir, de maneira propriamente dita, no dia a dia. Ele possui uma importância fundamental tanto no nível estratégico, com *reports* sobre desempenho, metas, *milestones* e mapeamentos, quanto no nível tático, pois detecta problemas e necessidades de mudanças na operação e as comunica diretamente aos gerentes.

Outra função muito importante é garantir que toda a política formalizada pela área de governança, risco e *compliance* (GRC) está sendo cumprida. É preciso, então, que os indicadores reflitam isso. Na cultura empresarial americana, talvez o papel do *controller* se assemelhe mais ao do COO, o *chief operation officer*. Isso quer dizer que ele tem nas mãos a responsabilidade de garantir que a operação trabalhe dentro das metas e indicadores para uma gestão saudável e, concomitantemente, garantir que a empresa está caminhando para atingir seus objetivos estratégicos, sempre balizados por suas políticas de GRC e pelo MVV.

Uma tarefa bastante complicada, eu diria. É exatamente por isso que eu defendo muito que a parte de planejamento e *budgeting* da empresa não seja executada pela controladoria. Vejo um comprometimento da capacidade de criar planos eficientes, e que de fato transmitam a realidade, por uma pessoa que já tenha a rotina tripulada por gráficos, números, indicadores, além de uma vida constante de relatórios, Power-Points e reuniões estressantes.

É claro que depende muito da realidade de cada empresa, mas, de modo geral, o ideal é que a parte de planejamento e *budgeting* seja conduzida por uma pessoa sênior, que trabalhe de forma externa à controladoria e que tenha uma visão mais estratégica, que não esteja afunilada pela massacrante rotina da operação.

Digo isso também porque a controladoria costuma absorver muito a cultura da gestão de projetos. Ela costuma enxergar os contratos da empresa sempre pensando em uma linha de base, onde se tem um prazo a cumprir, um orçamento para isso e uma qualidade definida. Mas já comentei anteriormente que a estratégia corporativa não pode ser encarada como a gestão de projetos.

Enquanto gerenciar de maneira orientada para projetos tem como premissa básica a existência de começo, meio e fim, a estratégia corporativa tem justamente o contrário: a missão de se tornar perene. Outro problema é o fato de que o *controller* tem, em essência, um perfil sistemático sobre o que ele deve seguir, a partir de um roteiro. E se sabe que a gestão de uma empresa não é previsível: ela muda a todo instante. O planejamento precisa, então, ir além e aliar outras virtudes, como a proatividade, a inovação e a habilidade de priorizar a oportunidade quando ela sobressai ao previsível.

Agora, voltando às premissas da controladoria, eu diria que a ferramenta básica de trabalho é o Painel de Monitoramento e Controle (PMC). Já o mencionei algumas vezes, e agora podemos ter uma discussão mais aprofundada. A ideia aqui não é propor um modelo dizendo o que deve ter ou apontar dedos para práticas equivocadas. É, sim, entender sua importância e abrir os olhos do empresário para a necessidade de criar dentro da organização um PMC eficiente.

O mandamento-mor da controladoria é fazer o PMC o mais exato possível, em tempo real e padronizado, para que possamos acompanhar a evolução e as mudanças ao longo dos meses, trimestres e até anos. Aqui é muito importante ressaltarmos algumas habilidades que discutimos na parte de ferramentas (monitorar, controlar, ajustar). Temos sempre que ter em mente os perigos e graves consequências quando monitoramos as coisas erradas, ou sob os parâmetros errados, ou, pior ainda, quando interpretamos isso de maneira equivocada.

É por meio do PMC, por exemplo, que podemos perceber quando metas de vendas não são atingidas. Dessa forma, podemos prever cortes no orçamento para não comprometer o fluxo de caixa da empresa. Também é possível encontrar *gaps* de performance em equipes e comunicá-los aos gestores. Talvez seja o caso de oferecer mais treinamento, ou quem sabe a única solução seja fazer mudanças na equipe. Enfim, se isso estiver sendo bem monitorado, as lideranças da empresa podem agir sobre os problemas.

Fico imaginando o pânico pelo qual devem passar, atualmente, os *controllers* da Rede Globo, por exemplo. Deve ser muito difícil alimentar a empresa com informações fidedignas sobre o desempenho usando o velho e famigerado Ibope. A emissora passou décadas em primeiro lugar na audiência, a léguas de distância de seus maiores concorrentes: o SBT, a Record e a Band. Eis que surge a Netflix, uma empresa global, com uma estratégia completamente inovadora e, com ela, uma leva de outros serviços de streaming que estão pulverizando o mercado e se mostram sedentos por uma fatia nesse *marketshare*.

Você consegue entender a complexidade do problema? A lógica de audiência não pode ser bem aplicada aos serviços *on demand*. A Globo fala para os anunciantes que tem altos índices de audiência, mas será que, em tempos de redes sociais e Netflix, esse parâmetro (que consiste basicamente no número de televisores ligados em determinado horário) é tão confiável assim? Acho essa reflexão bem válida, afinal, se você tivesse que escolher, hoje em dia, entre comprar uma ação da Globo ou da Netflix, qual você compraria?

Em qualquer empresa, esse perigo é real. Com o avanço rápido das tecnologias, pode ser que os parâmetro utilizados durante a vida toda não são mais tão válidos assim. Às vezes a sua empresa está avaliando quantas pessoas estão comprando seu produto enquanto o concorrente está aplicado lógicas de *business intelligence* muito mais avançadas, com uso de *big data,* por exemplo, com a capacidade de analisar quem são essas pessoas, do que elas gostam, quando gostam e o quanto estão dispostas a gastar.

Por fim, outra consideração importante acerca do PMC é que ele tem a capacidade de proporcionar uma melhor gestão dos contratos. Enquanto a equipe de vendas só enxerga a quantidade comercializada, o financeiro enxerga o evento fiscal e o SAC foca no índice de satisfação do cliente, o PMC permite ao *controller* cruzar essas e muitas outras informações para oferecer uma visão 360 graus da empresa para seu conselho diretivo, ou focalizar pontos menores, que devem corrigidos conforme a necessidade.

## 4.11. JURÍDICO

A maioria das empresas trata o escritório de advocacia como um simples prestador de serviços e espera dele que as mantenha o mais longe possível de encrenca. Com essa postura ingênua, perde-se a possibilidade de fazer da assessoria jurídica uma importante parceira em questões estratégicas, que podem render uma enorme economia à empresa, se levarmos em conta ganhos de causa e menor exposição a riscos.

Em primeiro lugar, é preciso ter em mente que um advogado não foi treinado e você não o trouxe ali para tomar decisões. Ele não tem competências administrativas na sua empresa. Ele possui, na verdade, uma expertise técnica que auxilia o conselho consultivo na tomada de decisões. Isso deve estar claro antes de tocarmos em uma ferida bem dolorosa: o passivo jurídico.

Em muitas empresas pelas quais passei como consultor, me dirigi até o setor jurídico, junto da contabilidade, e perguntei qual era o passivo jurídico da companhia. Em 99% dos casos eles não tinham esse dado de prontidão ou com qualquer precisão. Esse já é um grande problema. Por exemplo, uma empresa projeta uma distribuição da participação dos lucros de 10 milhões, mas nem faz ideia de que possui passivos trabalhistas da ordem de dois milhões. Fica claro o grave erro nessa projeção, pois era preciso provisionar o dinheiro para as perdas na Justiça.

Dizer que tem um total de causas no valor de dois milhões na Justiça não significa exatamente que você vá perder todas as causas e pagar todo esse dinheiro. É nesse ponto que eu acredito não saberem, os empresários, das limitações da assessoria jurídica. **Os advogados não chegam com um diploma de economista de brinde.** Eles não sabem olhar para outros casos, pesquisar históricos, analisar a conjuntura e calcular um número que represente o verdadeiro risco da empresa. Esse é um ponto.

O outro ponto é saber classificar os tipos de advogados de que você precisa para melhor selecioná-los. Existem os preventivos e os corretivos. Há os bem-intencionados e os que só querem tirar o máximo possível em honorários da empresa. Se você falar da área criminal, por exemplo, eles dificilmente serão preventivos. Estão esperando você atropelar alguém na rua, ou acontecer qualquer coisa do tipo, para perguntar: "Quanto você tem na conta para eu te livrar de um processo?" Se for na área trabalhista, existem os dois; em geral, eles têm perfis diferentes, mas empresas os contratam como se fossem apenas advogados trabalhistas, mas o uso deste recurso de forma equivocada impacta o resultado financeiro da empresa.

Há maneiras de distinguir também aqueles com boas intenções e aqueles que só querem tirar vantagem a todo custo. Já prestei consultoria para uma empresa que enfrentava um alto índice de inadimplência, e a estratégia adotada para cobrar esses valores, seguindo a orientação do jurídico, era levar todos à Justiça. Não demorou muito para eu perceber que o escritório cobrava sobre cada sucumbência e que, consequentemente, havia um conflito de interesses ali. Então, a tática que eu propus para o problema, de criar maratonas de negociação para entender o que estava acontecendo com o cliente e saber de que maneira ele poderia pagar, era obviamente muito mais rápida e eficiente, pois ainda dava alguma margem para que a pessoa continuasse a ser cliente.

### Equilibrando forças

É preciso, ainda, que o poder exercido pelo jurídico sobre a empresa esteja em equilíbrio, algo que já comentamos ser essencial para todas as partes desse ecossistema. Mas qual é a grande particularidade do jurídico que faz com que esse desequilíbrio aconteça com mais frequência? Acontece que os advogados têm nas mãos uma verdadeira caixa preta: o conjunto de leis brasileiras. Os advogados são treinados para falar em termos técnicos, jargões que só eles são capazes de entender, além de toda a capacidade de argumentação que se desenvolve com a profissão. Isso leva, muitas vezes, o empresário a confiar cegamente em sua assessoria jurídica.

No entanto, deve-se sempre ter em mente que, em nosso país, existe a lei, a jurisprudência, a interpretação da lei, as leis que "não pegam" e os riscos que a empresa está disposta a absorver. Se você me perguntar se é possível, ao longo de toda uma carreira como empreendedor, não deixar de cumprir nenhuma lei, em um sistema complicadíssimo como o jurídico brasileiro, eu diria que é muito difícil ou impossível.

Então, **voltando ao equilíbrio da empresa, ou à falta dele**, eu acredito que ele ocorre por três motivos. **Número um: o excesso de poder do jurídico dentro do ambiente da empresa. Número dois: a falta de capacidade do empresário e do conselho consultivo de entender como as leis no Brasil funcionam.** E, por fim, e nessa eu vou me aprofundar agora, **a falta de capacidade dos assessores jurídicos para entender como a empresa funciona.**

Para ampliar o debate, vou citar o exemplo de uma empresa pela qual passei, em que um funcionário foi demitido por justa causa, acusado de concorrência desleal. Ele tinha montado uma atividade semelhante à da empresa para fazer uma grana extra e se utilizava de informações que obtinha na própria empresa, inclusive. A assessoria jurídica sugeriu manter o caso *low profile*, pois queria que a história se encerrasse sem dar maiores dores de cabeça. Minha reação foi completamente diferente. Aconselhei fortemente a processar o funcionário. Consegui enxergar que, caso mantivéssemos uma postura passiva em relação a esse caso, estaríamos passando a mensagem de que o crime compensou. Quem sabe o cara estaria hoje roubando clientes da empresa se eu não tivesse exaurido as forças dele na Justiça. Imagine o precedente que isso criaria para, quem sabe, outros funcionários fazerem o mesmo.

Esse tipo de atitude mais agressiva não é muito visto em escritórios que prestam serviços a outras empresas, porque eles funcionam como *commodities*, ou seja, são todos mais ou menos do mesmo jeito. E lutar com unhas e dentes por uma empresa cliente não é o padrão oferecido no mercado. É por isso que eu acredito na figura do assessor jurídico não apenas como um prestador de serviços. Eu creio que as empresas devem oferecer todas as condições para que eles se tornem verdadeiros parceiros e passem a integrar as engrenagens que as fazem funcionar de acordo com a estratégia.

O grande problema é que poucos advogados conseguem trabalhar a questão estratégica. Eles estão meio que acostumados a trabalhar no automático. Se você pede a um deles para redigir o contrato de um cliente, esse profissional vai pegar algo que já está pronto, mudar alguns pontos e te entregar. Há outros que começam do zero e mostram total incompetência. Não há uma tentativa de fazer aquilo customizado para o seu negócio. Eles vivem em uma realidade completamente desconexa e não funcionam da maneira que a empresa vive.

Outro grande problema é encontrar um método para avaliar a performance do jurídico. Não dá, por exemplo, para ficar só no número de casos vencidos versus os perdidos. É preciso criar um sistema que avalie se o advogado está, de fato, gerando valor para a empresa.

Outra dica valiosa é não concentrar toda a demanda somente em um escritório. Eu sei que é mais cômodo, mas nunca é o mais eficiente. Isso acontece porque é impossível um escritório oferecer, com a mesma qualidade, serviços em todas as áreas. A maioria cria duas ou três expertises e têm sócios em outras áreas apenas porque viu uma necessidade de suprir demandas. Mas estamos falando aqui de uma capacidade intelectual, técnica e de pessoal que um escritório tem que desenvolver ao longo de anos. Então, às vezes você é bem atendido na área trabalhista, mas o tributário deixa a desejar. Por isso eu sugiro diversificar os fornecedores, tendo, por consequência, acesso a profissionais com diferentes abordagens.

Outro ponto positivo é que ser atendido por mais de um escritório dá mais robustez ao seu negócio e intimida a aparição de mais processos. Na área trabalhista, especialmente, isso é muito importante. Conheci várias empresas que mantinham advogados com fama de perdedores e isso alimentava a coragem de cada vez mais funcionários entrarem com processos na Justiça do Trabalho. Mas foi só mudar o time do jurídico e começar a ganhar as primeiras causas que essa realidade começou a mudar bem rápido.

Por fim, acredito que outra discussão importante seja o modelo de contratação desses escritórios. É uma decisão econômica, por exemplo, se você vai manter um pagamento mensal fixo ou remunerar por demanda. Isso depende de diversos fatores: os riscos aos quais a empresa está exposta, o setor em que atua e a perspectiva de, a longo prazo, perceber qual modelo será mais vantajoso. Uma escolha certeira pode significar em uma enorme economia para o jurídico da empresa.

## 4.12. *FACILITIES*

É claro que, se você me perguntar o que é mais importante, levando em conta tudo o que já discutimos até aqui, *facilities* iria lá para o final da fila de prioridades. Mas um empresário tem que se preocupar, e muito, com a infraestrutura e com o ambiente de trabalho que ele proporciona para os colaboradores.

Basta olhar para as grandes empresas de tecnologia, como a Google e o Facebook, para ver como o ambiente influencia no desempenho. Essas empresas são famosas por proporcionar espaços descolados, que estimulam a criatividade e a motivação. Existem estudos que dizem que até mesmo o andar em que a empresa fica pode influenciar no comportamento dos funcionários.

É claro que existem empresas que não impedem a realidade de um ambiente tóxico mesmo com um espaço maneiro, e também há lugares maravilhosos de trabalhar onde, porém, não há muito dinheiro para investir na infraestrutura.

Eu acredito que a grande dica nesse sentido seja tentar criar empatia com os funcionários e se colocar no lugar deles. Pensar se há ergonomia, se a temperatura do ambiente é agradável, se as instalações de copa e dos banheiros são adequadas, se há acessibilidade para os que possuem algum tipo de deficiência ou mobilidade reduzida. O importante é evitar que jamais o funcionário possa usar as limitações do lugar como desculpa para não cumprir uma tarefa a ele designada.

Um problema clássico, por exemplo, é o dos equipamentos que não funcionam. E isso acontece muito, porque a maioria dos computadores populares e das impressoras fabricados hoje em dia parecem ter sido feitos para não funcionar. Sem contar a qualidade da conexão com a internet, o que pode tirar qualquer um do sério.

**O principal é se preocupar com o efeito psicológico que o ambiente exerce sobre o seu funcionário e, consequentemente, sobre o trabalho dele.** Quer ver como isso é mais evidente do que parece? Pare para pensar no caminho do funcionário do estacionamento até o trabalho. Ele possui vagas disponíveis no próprio prédio ou, mesmo após uma hora de trânsito, ainda tem que estacionar longe, deixar o carro na rua e andar dez minutos até o escritório? Pense naquela funcionária que eventualmente tem que fazer hora extra e se vê obrigada a fazer todo esse caminho de volta tarde da noite, com medo de ser assaltada ou assediada.

O empresário pode até negar que não tem responsabilidade direta sobre esses pontos, mas, se o negócio é focado em serviços, ou depende muito do desempenho dos funcionários, esse tipo de sentimento tem um impacto muito grande sobre a performance da empresa. Negligenciá-lo é ignorar um ponto importante para a gestão.

Outra ponderação relevante se refere a quanto custa manter uma operação. Lembre-se de que isso está ligado ao custo fixo, o maior vilão das empresas. Aluguel, água, eletricidade, telefone etc. Faturando bem ou não, essas contas sempre vão chegar no fim do mês. Mas, se você olhar bem para a estrutura do lugar, certamente encontrará pontos onde é possível revisar as planilhas e fazer economias.

Essa revisão constante é importante porque, como já expliquei, o planejamento nas empresas é mais dinâmico, está bem exposto aos fatores externos e macroeconômicos. Pense em uma empresa que estava otimista antes da década de 2010: câmbio e juros sob controle, praticamente pleno emprego, tudo levava a crer que o país perduraria na boa fase econômica. Então, vamos supor que essa empresa tenha investido pesado e desenvolvido uma estrutura para 200 pessoas. Veio a crise e metade foi mandada embora. Se livrar de todo aquele espaço e do custo fixo se torna, instantaneamente, uma necessidade urgente.

É por isso que eu vejo uma tendência muito grande a tomadas de decisão mais flexíveis quando se fala em *facilities*. Isso quer dizer implementar práticas como o *hot desking*, em que os funcionários não têm posições de trabalho fixas; estimular o *home office* quando a atividade permitir; tem as opções dos *coworkings*, dos escritórios inteligentes e até dos contratos de aluguel flexíveis. Cheguei a implementar em uma empresa de logística uma modalidade de aluguel de um galpão em que o preço pago era dado de acordo com a taxa de ocupação. Então, se a demanda era grande, o galpão estava cheio e eu estava faturando mais, eu pagava um aluguel maior. No entanto, se estivesse mais vazio, eu pagaria menos, pois as contas estavam difíceis de fechar.

Acredite, não foi difícil convencer o dono sobre essa proposta mais, digamos assim, criativa. Para ele era muito melhor receber uns meses mais, outros menos do que ficar com o galpão vazio e, com todo mundo em crise, correr o risco de ninguém mais querer alugar.

E outra coisa: esqueça a história de gastar milhões comprando um bom imóvel para a empresa. Eu acho que isso transpassa muito a falta de confiança do empresário no próprio negócio. Quando vejo algo assim, digo para a pessoa desistir de ter uma empresa e investir logo no mercado imobiliário, porque esse sim dará mais estabilidade e certezas. É simplesmente inconcebível que um empresário prefira alocar tanto dinheiro em um imóvel, quando na verdade poderia estar atrás de um bom aluguel e investir esses recursos em ferramentas que, de fato, vão fazer o negócio dar certo.

# 5

# ESTRATÉGIA

Explorar o mercado internacional, aumentar a participação das exportações no total de negócios fechados pela empresa, vender uma determinada porcentagem de ações, fechar unidades em cidades que não estão performando bem, fazer fusões e aquisições, vender ativos e entrar em recuperação judicial ou não — são alguns exemplos de decisões que só podem ser tomadas pelos líderes das empresas.

Diferentemente do que tratamos no capítulo anterior, que focava mais na atuação do empresário nas áreas táticas e operacionais da empresa, aplicando uma visão holística, agora vamos tratar do trabalho do empresário e do conselho consultivo em sua essência. O trabalho aqui é tomar decisões estratégicas, de forma eficiente e com um bom tempo de resposta. Vamos debater aqui os elementos necessários para que uma empresa seja liderada por alguém que saiba agir rapidamente e da melhor forma.

Vamos tratar da decisão estratégica na prática. Quando entramos nesse assunto, costumo perceber alguns problemas principais. O primeiro deles é a falta de conhecimento sobre o tema. Vejo empresários com boa capacitação em vendas, outros com uma boa cabeça para a inovação, mas dificilmente vejo líderes que sabem circular por todas as áreas, fazendo com que isso se reverta em uma boa estratégia. É preciso abandonar o *mindset* do operacional e pensar mais no longo prazo.

    Nesse aspecto, existem algumas verdades que o empresário precisa aceitar. A primeira é a lógica da tentativa e erro. Precisa mudar a maneira como a empresa enxerga isso. A Google, por exemplo, tem 90% de sua receita em propaganda. Nos últimos cinco anos, a empresa investiu cerca de 50 bilhões de dólares em outros nichos. Como podemos perceber, nada mudou ainda, mas nem por isso vemos os diretores sendo demitidos. Isso faz parte do negócio. Nem sempre o AdWords será tão lucrativo, e eles têm consciência dessa possibilidade. Por isso, estão tentando e errando várias vezes, em diversos outros modelos, na certeza de que esses erros vão se reverter em aprendizados para, assim, chegar a um produto de sucesso.

    Em contrapartida, existe no ser humano o problema cognitivo de ser superotimista. Apesar de sabermos que em 60% dos casos vai dar errado, vejo muitos empresários tomarem decisões estratégicas, em fusões e aquisições, por exemplo, de forma cega, confiando demais em um resultado positivo pouco apoiado por dados factíveis.

    As pessoas também costumam ser guiadas pelo que os americanos chamam de *hindsight bias*, que é o vício que nós temos de olhar para o passado, ou seja, lembrar de experiências que já tivemos e, a partir disso, tomar decisões para o futuro. Sabemos que isso é importante, mas precisamos ter a certeza de que não é 100% confiável. O que já aconteceu pode, sim, nos dar muito *background* para tomar decisões, mas é preciso aceitar que o futuro é imprevisível. Você acha que antes do discurso de Kennedy, um cidadão comum acreditaria que o homem pisaria na lua? Na época da segregação negra, alguém acreditaria que um negro seria presidente do EUA? Antes da Operação Lava Jato, alguém poderia acreditar que um ex-presidente brasileiro iria para a prisão. Provavelmente não.

    Por último, **lidamos com a síndrome do impostor: pessoas totalmente capacitadas que acreditam que sempre precisam estar correndo atrás de mais conhecimento.** Elas atribuem a um *gap* de habilidades a sua pouca assertividade para tomar decisões. São líderes extremamente técnicos que deveriam estar trabalhando mais questões como a empatia, a inteligência emocional e capacidade de influenciar. No entanto, se escondem atrás de livros ou tentam ficar isolados em suas salas, fugindo dos problemas que seriam totalmente capazes de solucionar caso não sofressem dessa síndrome do impostor.

Já expliquei que o que blinda as empresas desses problemas, que atingem o nível pessoal, é a criação do conselho consultivo — administrativo, diretoria, ou como preferirem chamar. É a oportunidade de dividir as ideias e ansiedades. Eles são as pessoas certas para fazer isso, e não podem ser colaboradores do operacional, pois a visão destes está comprometida. É preciso que sejam pessoas de fora, com diferentes habilidades. Muitos me perguntam qual é o tamanho ideal desse conselho. Eu digo que varia de duas a dez pessoas, dependendo do tamanho e dos problemas da empresa. Esse conselho precisa se reunir periodicamente para ter tempo de avaliar e amadurecer as ideias, tomando as decisões de forma colegiada. Isso vai evitar que problemas como o superotimismo, a síndrome do impostor ou o *hindsight bias* balizem as decisões, já que as virtudes de uns vão suprimindo as deficiências de outros e vice-versa.

## 5.1. LIDERANÇA

Eu gostaria de retomar agora algumas observações importantes que já fizemos a respeito da liderança estratégica nas organizações. Quando eu falava sobre escopo e granularidade, deixei bem clara a necessidade de aplicar o nível de detalhe certo para executar uma tarefa, ou fazer uma comunicação correta, por exemplo. Vejo que muitos empresários têm essa dificuldade. É por isso que, ao longo deste livro, insisti tanto na figura do líder especialista-generalista.

Essa figura, em tese, é capaz de refletir em seu modo de gestão cada um dos conceitos que discutimos, utilizando as melhores ferramentas para gerenciar de forma estratégica todos os departamentos da empresa. Um verdadeiro líder é especialista nisso. No entanto, a grande ressalva que eu fiz desde o começo é que o empresário existe para liderar e não para operacionalizar o negócio. Daí a importância de ser também um generalista, que não se aprofunda muito na operação, porque precisa investir todo o seu tempo precioso na gestão. Mas isso só funciona quando o empresário possui uma das virtudes mais complexas a serem desenvolvidas no ambiente corporativo: a capacidade de delegar.

**Existem dois sentimentos, em geral, que impedem as pessoas que comandam as equipes de delegar as funções corretamente. O primeiro é a desconfiança.** Muitos líderes não acreditam na capacidade, autonomia e independência de seus funcionários. Ainda que estejam certos por não confiar, pouco fazem para mudar esse cenário. Estou cansado de ver empresas em que os funcionários se ocupam diariamente de tarefas mecânicas e banais, enquanto os gerentes se veem sobrecarregados.

**O outro sentimento é a soberba, acreditar que ninguém vai conseguir fazer o seu papel melhor do que você.** Seguindo a ordem natural das coisas, se você chegou ao topo, a um posto de liderança, isso significa, pelo menos em tese, que você possui habilidades louváveis. Mas não significa que você seja insubstituível no seu trabalho. Muito pelo contrário: a passagem para um cargo de chefia é justamente para que se possa começar a influenciar outras pessoas a fazerem tão bem quanto você, enquanto você se concentra em ser um líder para a companhia.

Há algum tempo, dei uma entrevista cujo tema foi a importância de delegar. Os questionamentos se associavam a tantas experiências pessoais e pensamentos que acho interessante compartilhar a resposta que construí em alguns minutos para aquela reportagem. Primeiramente, acredito que saber delegar é um princípio fundamental de eficiência administrativa e sobre o qual "prego" em meus vídeos, artigos, palestras e entrevistas sempre que tenho a oportunidade.

Não saber delegar significa que há mau uso dos recursos da organização. Muitos profissionais que trabalham 12 a 15 horas por dia esperam ser elogiados pelos seus esforços. **Todos nós e as empresas precisam parar com essa história de vangloriar quem trabalha muito, mas não**

**trabalha bem.** Esses mesmos *workaholics* entram em parafuso quando seus líderes, ou mesmo nós, os consultores que chegamos à empresa, os criticamos sobre esse *lifestyle* nada saudável. Afinal, a centralização é uma irresponsabilidade que afeta negativamente os resultados da firma. Esses indivíduos geralmente se justificam dizendo que não possuem tempo para delegar, pois trabalham demais. É esse pensamento imediatista que interfere e prejudica os planos estratégicos da empresa.

E sabe por que há dificuldade em saber delegar? Porque não se ensina essa habilidade. Isso não é discutido na faculdade, é raro de encontrar um MBA que se aprofunde no assunto e tampouco as empresas brasileiras oferecem *coaching* a seus colaboradores. Não estamos falando apenas em pessoas que ocupam cargos gerenciais não. Até mesmo um analista precisa saber delegar para um estagiário, por exemplo.

O desafio é entender que existe uma diferença entre terceirizar e delegar. Mais do que transferir o trabalho, delegar é uma passagem de bastão acompanhada de autonomia, responsabilidade e que reflete na forma de pensar e na sua relação com a visão e a missão da entidade. Ao delegar, você está confiando que o funcionário vai seguir suas orientações, fazer tão bem quanto você faria e, quem sabe, até propor novas maneiras sobre as quais nem mesmo você tinha pensado.

Delegar é fundamental para a excelência em gestão de riscos da empresa, um conceito que caminha junto com a liderança. Imagine se você, como líder, ficar impossibilitado de exercer sua função por doença, férias ou por uma oportunidade de negócio que se apresentou e que vai precisar de sua dedicação *full time*. Quem iria assumir suas responsabilidade? É preciso se questionar. Além disso, quem não delega tem pouco tempo para pensar e, portanto, decisões estratégicas acabam comprometidas.

Do ponto de vista estratégico, delegar com qualidade depende do nível em que os envolvidos entendem de forma clara a visão, objetivo, missão e valores da empresa. Já do ponto de vista tático e operacional, o mais importante é contar com profissionais motivados, qualificados ou no mínimo com muita vontade de aprender, mas acima de tudo que se identificam com os objetivos da empresa e seus valores.

Já vi muito exemplos de empresas que foram prejudicadas por líderes centralizadores. É claro que fica complicado atribuir somente a isso o fracasso de um negócio, pois sabemos que é um conjunto de fatores. Mas é fato que muitas pessoas centralizam para demonstrar poder, porque têm a necessidade de decidir e influenciar.

Certa vez, prestei consultoria para uma construtora cujo dono tinha forte influência na área comercial. Ele cuidava pessoalmente das negociações mais importantes e não tirava o olho de qualquer venda feita por outro colaborador. Era uma figura tão voraz nas vendas que a parte de projetos ficou negligenciada e começou a desandar. As vendas eram feitas, mas eles não conseguiam entregar os imóveis porque havia ingerências na parte de compras junto a fornecedores e os prazos nunca eram cumpridos nas obras. Então, o gestor se preocupou tanto em vender que deixou de fazer o *follow-up* dos demais setores, criando um grande gargalo na empresa e a impedindo de prosperar.

É por isso que eu insisto na capacidade de transversalidade. Muitos livros vendem a ideia de ser um vendedor de sucesso, mas aqui o meu desejo é que todos os empresários tenham a consciência da necessidade de ir além, de entender que a empresa é toda conectada e precisa ser liderada de forma mais completa.

## 5.2. MELHORIA CONTÍNUA

Muitas empresas já alcançaram faturamentos milionários em virtude da capacidade de empreendimento e da competência na gestão dos negócios. Mas todas têm ainda muito potencial a ser desenvolvido, podendo tornar-se organizações melhores. Isso é possível se forem seguidas algumas premissas básicas de melhoria contínua dentro da organização e no comportamento do empresário.

Empresas milionárias, mesmo com estrutura familiar, com as quais eu costumo lidar, para alcançar as metas de melhoria contínua devem, por meio dos empresários e gestores, seguir regras essenciais. Dessa maneira, poderão melhorar continuamente as margens de lucro, aumentar a eficiência nos processos gerenciais e, consequentemente, ter o orgulho de dizer que são empresas que mudam positivamente seu próprio futuro.

O passo número um eu diria que é construir uma boa imagem e reputação. Já discutimos isso nas áreas de SAC e relações-públicas. É preciso prestar atenção no que seus clientes, investidores, veículos de comunicação e representantes falam sobre a sua empresa. A imagem que um público tem da sua marca mede a credibilidade e a confiança de terceiros na firma. Trata-se de algo que é construído ao longo de anos, mas que pode ser destruído em cinco minutos. O investidor Warren Buffet já dizia: "Para chegar ao bilhão é fundamental que exista confiança do ecossistema (clientes, investidores, colaboradores) em volta da empresa e seu propósito."

Além disso, **considero essencial saber escolher bons mercados. Isso é até óbvio, mas extremamente complexo.** Há vários exemplos de empresas renomadas que enxergaram oportunidades para dominar mercados promissores. O Google foi o primeiro site a inventar, de fato, uma maneira eficiente de monetizar a pesquisa, e o Facebook se consolidou como a rede social mais popular no mundo, por exemplo. Já empresas como a IBM, por outro lado, criaram departamentos que estudam novos mercados potenciais de forma contínua, para descobrir áreas que ainda não foram reconhecidas pela concorrência ou que têm um grande potencial de crescimento.

São exemplos de empresas que crescem porque investem em pesquisa e desenvolvimento (P&D). Esse é um problema muito grande que eu percebo no país: a área de pesquisa recebe pouca atenção dentro das organizações brasileiras. Empresas de sucesso como a japonesa Toyota, a multinacional Pfizer e a coreana Samsung investem constantemente parte de seu capital em pesquisa, pois têm consciência de que o mercado está em constante mudança e desenvolvimento. O mesmo não acontece com as companhias brasileiras, que simplesmente dividem o lucro entre os sócios. Quando o mercado desaquece, não há recursos para testar e inovar, e assim morre outra empresa — por falta de planejamento e visão.

Outro fator que eu acho muito importante é que exista uma estratégia de fusões e aquisições. A empresa que deseja alcançar um estágio de melhoria contínua não pode ter medo de realizar novas operações. Existem duas estratégias nesse quesito: uma é ter uma unidade interna de fusões e aquisições; a outra, para empresas que querem manter seu custo fixo mais em conta, consiste em formar parcerias com consultorias especializadas, bancos de investimento e fundos.

Falando nisso, uma dica importante é saber alocar seus investimentos corretamente. Estamos falando de acesso ao mercado de capitais, fundos, financiamentos bancários e outras modalidades de investimento. Eles são fundamentais na trajetória da empresa. O uso do capital pode ser para aumentar as compras de suprimentos, máquinas para produção, desenvolvimento de um novo produto ou serviço promissor, entre muitas outras possibilidades.

É preciso ter sempre em mente, também, a busca constante pela eficiência administrativa. Durante o Global Drucker Forum, um dos eventos sobre liderança mais importantes do mundo (criado em homenagem a Peter Drucker), que reúne alguns dos mais renomados especialistas em gestão, foi muito enfatizada a questão da eficiência administrativa. Ela inclui principalmente a importância de o líder saber tomar decisões eficientes, criar uma cultura de melhoria contínua dos processos da firma, fazer uma gestão responsável de custos, da competitividade e, acredite ou não, do compromisso social.

Acredito também que outro fator que influencia muito é a capacidade de entender os sentimentos e dar valor à opinião do seu cliente. Há pouco tempo eu estava em um shopping na capital paulista com um amigo. Ele queria tomar uma bebida quente e me convidou para uma cafeteria. No local, uma educada assistente me perguntou se nós conhecíamos os novos sabores. Eu me lembro de que nem queria tomar café, mas aceitei, levado pela curiosidade. Ela me levou a um belo e organizado estande com várias máquinas e ofereceu diversos sabores. Achei o café excelente e saí de lá com uma compra de R$ 140 (nada mal para quem não queria tomar sequer um gole de café). Falei ao meu amigo:

"Eles são o iPhone dos cafés." Aquela empresa vende uma experiência excelente e completa em que tudo foi pensado. O grande segredo aqui é a empatia; entender os sentimentos do próximo, principalmente de nossos clientes potenciais. Infelizmente, muitos empresários pensam em si mesmos quando o que importa é o que clientes acham. São eles que, ao sentirem que são valorizados, farão o sucesso da sua companhia.

Como falei no começo do livro, as empresas são feitas de pessoas, e a trajetória de qualquer companhia não pode, jamais, subestimar a importância delas. **Por mais que as empresas façam cada vez mais uso de máquinas e computadores no dia a dia, quem faz a empresa estar em constante melhoria são as pessoas.** São os executivos quem tomam as decisões e planejam; os funcionários que prestam serviços e o sistema jurídico, quando necessário. O fator humano é primordial para essa meta. É necessário um "plano de desenvolvimento pessoal" no qual cada funcionário, em todos os níveis hierárquicos, invista periodicamente para se desenvolver por meio de cursos e treinamentos. Há várias formas de executar esse plano, mas o importante é que, olhando para o resultado, seus colaboradores se tornaram superfuncionários, com eficiência ímpar. Esse tipo de política cria vantagem competitiva e estratégica.

Tenho muito claro, também, que as empresas precisam manter mais o foco em investimentos promissores. Existe uma avaliação da Procter & Gamble Co. que lista 100 marcas com pior performance nos últimos anos. Sempre penso: "Poxa, o que eu preciso fazer para garantir que o nome da minha empresa jamais entre nessa lista?" Por outro lado, acredito que é preciso saber se livrar daquele excesso de peso que lhe dificulta avançar. A objetividade, o desapego e o pragmatismo são essenciais.

Por fim, é preciso entender que o sucesso é uma jornada que nunca acaba. A empresa deve estar sempre se reinventando, inovando, procurando trazer valor e excelência a seus clientes, sócios e funcionários. É um processo cíclico que não tem fim. Ou você nada ou é levado pela maré e depois afunda. Se você não está preparado para mais uma rodada, é preciso dar oportunidade a uma nova geração, pois sua experiência será vital no conselho da empresa.

## 5.3. INOVAÇÃO

Existe o vício, dentro das empresas que investem em inovação, de fazer isso de forma centralizada, com foco no produto. São feitos investimentos na ordem de bilhões para criar soluções tecnológicas de última geração, com a intenção de impactar o mercado. Sempre que vejo casos como esse, de organizações que internalizam demais o custo da inovação, enxergo uma dicotomia entre o posicionamento como empresa inovadora e a estratégia corporativa.

Eu explico: a maioria das empresas que alcançaram um posicionamento global só conseguiu esse feito porque chegou a uma eficiência estratégica e administração por meio da padronização dos processos. Por isso, se você for ao McDonald's no Brasil ou em qualquer outro país, a proposta será basicamente a mesma.

A commoditização das grandes corporações também funciona em escalas menores no Brasil. Muitas companhias brasileiras possuem unidades em vários estados, quase sem levar em conta as particularidades de cada região. Basta olhar as empresas aéreas, por exemplo. Até entendo que é uma estratégia que acompanhou o avanço inevitável da globalização e que isso, no curto e médio prazo, serve muito para tornar os gastos mais previsíveis e até mais enxutos. O que eu quero dizer é que essa estratégia está se tornando relativamente velha, e, apesar de as empresas estarem, dia após dia, trazendo produtos espetaculares e inovadores, não vejo nenhuma inovação estratégica aí.

Só para termos uma ideia da resistência em mudar, eu gostaria de mencionar o exemplo de uma grande multinacional de escritórios compartilhados, que possui unidades aqui no Brasil. A filial brasileira certa vez tentou customizar a unidade apresentando uma pesquisa baseada no mercado local e com uma estratégia audaciosa, que prometia colocá-los em vantagem aos demais concorrentes e, quem sabe, derrubar um grande *player* desse mercado. O *feedback* que eles tiveram da matriz, nos Estados Unidos, no entanto, foi de que não deveriam sair dos parâmetros internacionais nem fugir da estratégia global da empresa.

Em suma, para a matriz, ainda que a nova estratégia proposta pelos brasileiros tivesse custos baixos e fosse trazer grandes retornos, não compensava "desperdiçar tempo" no Brasil. Para eles, as meninas dos olhos são a China e a Europa. É justamente aí que eu me pergunto: até quando? Será que a configuração global vai continuar sempre dessa maneira? Será que todos devem ter as atenções focadas sempre nos maiores mercados?

Eu sinceramente não consigo enxergar isso como algo sustentável. É nesse ponto que mora a minha grande criticidade em relação à inovação em estratégia corporativa. As empresas estão focadas demais em resultados de curto e médio prazo, quando na verdade a inovação é, em essência, fruto da imprevisibilidade. Afinal, se hoje nós temos os tais negócios disruptivos, foi porque empresas como o Uber, a Netflix e o Airbnb não foram aonde todos estavam indo e em que a promessa era mais certa. Foi porque eles apostaram em novos mercados onde encontraram demanda e, concomitantemente, deficiência no atendimento aos clientes.

Só para ilustrar o quanto é difícil convencer uma empresa a inovar em estratégia corporativa, certa vez prestei consultoria para uma multinacional da área de segurança da informação. Nosso objetivo era justamente customizar localmente a estratégia da companhia, para que ela pudesse atender na área de compras governamentais, uma expertise que ainda não tinha. Foi um longo processo, que durou mais de um ano e passou pelas mãos de pelo menos 20 pessoas entre diretoria, jurídico, *compliance* e acionistas. A estratégia estava aprovada, e faltava apenas a assinatura do presidente do conselho de administração.

O grande problema é que organizações com ações à venda na bolsa de valores têm sobre seus dirigentes uma pressão muito grande em relação aos relatórios trimestrais. É algo tão delicado que a bolsa reage com quedas violentas caso surjam más notícias. Justamente naquele momento, estávamos propondo uma proposta de médio prazo, que só reverteria em um ROI após 24 meses. Por uma fraqueza do presidente do conselho, naquela ocasião ele resolveu afundar o projeto e realocar os recursos em uma tática de curto prazo que "maquiaria" o resultado para o próximo relatório trimestral.

Então, o que eu me pergunto é: será que estamos sendo *high tech*, como dizemos ser hoje em dia, ou permanecemos *old school*, amedrontados demais para desafiar? Vejo muitos executivos de empresas de telecomunicações reclamando da situação do setor. Já ouvi coisas absurdas do tipo "o WhatsApp acabou com as telecoms". Isso é a mais absoluta mentira. As companhias sempre procuraram as grandes telefônicas em busca de suporte para lançar novas soluções, para impactar mais os seus clientes, para lançar aplicativos, deixar as pessoas e as empresas mais conectadas. E sempre foram recebidas com negativas.

É porque esse mercado sempre se recusou a inovar, pois tinha sempre uma visão a curto prazo e se aproveitava da falta de tecnologia para cobrar preços exorbitantes por algo que deveria ser barato ou gratuito: a possibilidade de se comunicar com outras pessoas e clientes.

Portanto, eu acredito que a principal mensagem que um empresário deve ter em mente quando pensa em inovar sua estratégia corporativa é jamais se deixar levar exclusivamente pelo agora. É não ser mais uma telecom.

**Inovar pode ser nos produtos, mas também nas pessoas contratadas e em seus treinamentos, no desenho dos processos, na precificação dos produtos ou serviços, na estrutura corporativa, na tecnologia interna, na forma de trazer investidores, de contratar fornecedores, de se relacionar com a imprensa, de realizar o marketing do produto, de segmentar os clientes e se internacionalizar.** Se você for sistemático nesse processo, sua cultura empresarial será inovadora.

### 5.4. FUSÕES, AQUISIÇÕES E VENDA DE ATIVOS

Existem duas máximas muito conhecidas no mundo corporativo. A primeira, sobre a qual todo mundo fala, é **a da importância de ter foco nos negócios. A segunda é a de que se pode ter todos os ovos na mesma cesta. Qual delas está certa?**

A resposta é mais simples do que parece. O foco deve permanecer nos negócios, em formar patrimônio, enquanto a empresa estiver se consolidando no mercado. Então, no começo, você absorve todo o risco até se tornar muito bom na sua área e alcançar a eficiência administrativa. A partir do momento em que a empresa entende que não possui mais meios de crescer organicamente, isso pode ser um sinal de que está na hora de diversificar. Surge então a oportunidade de tirar alguns ovos da cesta.

O método utilizado é conhecido pela sigla M&A, que vem de *mergers and acquisitons* (fusões e aquisições, em inglês). A lógica é adquirir ou se integrar a outras empresas para ampliar portfolios, aumentar a competividade ou até se tornar mais resiliente diante de mudanças drásticas no mercado.

Vamos supor, por exemplo, que você tenha uma empresa de alimentos. Após anos aprendendo o negócio, finalmente alcança uma situação em que as vendas estão boas, a lucratividade é alta e o sistema de distribuição para os supermercados é eficaz. Basicamente, a empresa chegou àquele momento de maturidade ideal, em que a operação anda quase sozinha. Diante desse cenário, você, como empresário, enxerga que não tem mais muito para onde crescer nesse nicho, com esse modelo de negócio. É a partir daí que o M&A começa a aparecer como uma boa opção.

Vale lembrar que fusões e aquisições fazem parte de uma postura mais ousada de administração e que, antes de embarcar nessa aventura, o empresário deve reservar alguma antecedência para se preparar. Estou falando de pelo menos dois anos para fazer *networking*, conhecer outras empresas potenciais e visitar consultores especializados nesse tipo de operação. Não é uma estratégia que ocorre de forma reativa, para tentar reverter alguma situação em um negócio que está indo por água abaixo.

Já até utilizei M&A para tirar uma empresa de uma crise, mas isso foi conduzido por pessoas com experiência no assunto. Nós basicamente compramos operações menores e utilizamos o fluxo de caixa que elas geravam com os novos clientes para desafogar o negócio principal da empresa, que ia mal das pernas.

É preciso entender que se trata de uma manobra arriscada. A maioria dos M&As não dá certo — a ponto de serem verdadeiras catástrofes ou apenas não dar o resultado esperado. O Vale do Silício está cheio de empresas de tecnologia que se arrependem até hoje de algumas fusões e aquisições e ainda vão passar bons anos pagando a conta por elas.

Acontece que, quando uma companhia almeja um M&A, colhe bons resultados mas se vê encurralada diante de duas principais ameaças: as grandes multinacionais, que compram cada vez mais empresas menores, ficando ainda mais poderosas e com poder de barganha; e o mercado informal, ainda muito forte no Brasil, que, por não pagar impostos, consegue uma competitividade desleal contra o seu negócio.

Diante desse cenário, integrar outras empresas parece ser interessante para dar mais robustez ao negócio. Mas é preciso avaliar diversos aspectos nas empresas almejadas para fusão ou aquisição: financeiro, fiscal, jurídico e até cultural.

Certa vez prestei consultoria para duas agências de comunicação que desejavam se fundir. Após algumas análises, percebi que a operação seria uma verdadeira catástrofe. Enquanto uma delas tinha um grau maior de *compliance* — eles pagavam corretamente todas as obrigações e tinham políticas estabelecidas de modo que a empresa funcionava relativamente bem —, a outra tinha muitas pendências e dependia muito de um dos sócios para o andamento dos processos. Não havia ali uma pessoa disponível para cuidar da transição, pois não existia quem pudesse cuidar da empresa nesse meio-tempo.

O principal empecilho, porém, era a diferença cultural entre as duas empresas. Percebi que o clima organizacional era completamente distinto e que muitos recursos e energia seriam gastos para tentar integrar os colaboradores das duas empresas, e mesmo assim com grandes chances de fracassar. Minha recomendação, apesar de poder não ter sido o que eles esperavam, foi a de não realizar a fusão.

Já participei também de um caso em que uma empresa de saúde começou a fazer fusões com o objetivo de se colocar à venda em alguns anos, tendo em vista que o dono queria se aposentar. A ideia era adquirir companhias menores e aumentar o portfólio da organização para, quando chegasse a hora da venda, ter algo maior para oferecer aos seus compradores.

Então, vai muito além do querer, do parecer promissor e do confiar. O M&A pode ser uma ferramenta poderosa, mas tem que ser utilizado com cautela e, principalmente, acompanhado por pessoas que tenham certa senioridade. As chances de falhas em fusões e aquisições são muito grandes.

Ainda falando sobre ter todos os ovos na mesma cesta, pode ser que a situação seja justamente o contrário: a empresa vai mal das pernas e precisa se livrar de alguns ativos, a fim de fazer mais capital e fluxo de caixa ou simplesmente se livrar de algum custo fixo que a está sufocando.

É nesse momento que a figura de um conselho consultivo se faz mais uma vez essencial. Isso porque o empresário tem um vínculo emocional com o negócio, lutou muito para conquistar tudo que existe ali. Muitos enxergam a empresa como seus próprios filhos. Então, se desfazer de parte dela é como perder um membro da família. E é justamente essa fraqueza, natural à nossa condição humana, que às vezes nos leva a manter filiais abertas em muitos estados que não estão performando, ou a deixar de vender aquele imóvel que está há décadas na história da empresa. Um conselho formado por pessoas que estão de fora dessa relação emocional pode tomar a decisão de vender os ativos de maneira mais prática.

Essa venda deve ser desconectada do emocional e conduzida por indivíduos que estão olhando objetivamente para os números. Se for contratada uma consultoria para isso, ela deve ser remunerada pelo serviço como um todo, não pensando na comissão sobre a venda, pois a ideia é ter um julgamento que não esteja comprometido por conflitos de interesse.

# 6

# DECISÕES DE IMPACTO

Por fim, eu gostaria de falar sobre as decisões de impacto, que constituem um dos verdadeiros motivos de eu ter escrito este livro: para que ele funcione como um guia no qual o empresário pode se apoiar para fazer escolhas certas.

Minha expectativa é que, aprendendo os conceitos que discutimos, o empresário não ache mais que tempo é sinônimo de urgência e que psicológico é sinônimo de pânico. Muito pelo contrário, se existe pressa e pressão para tomar decisões, é porque isso faz parte da própria essência de ter um negócio. É porque, se você não performar rápido, o fluxo de caixa vai te sufocar. É porque toda empresa é feita de pessoas, seres humanos, falhos por natureza.

O meu desejo é que o empresário paute suas ações e se comunique de forma ética, eficiente e inspiradora, porque isso faz parte da missão, da visão e dos valores da empresa, porque ele utiliza muito bem as ferramentas de gestão para conduzir o sucesso dos negócios.

E, principalmente, eu espero ter inspirado muitos a voltarem para seus deveres de casa, a estudarem suas próprias companhias, passo a passo, departamento por departamento, a fim de verificar o que precisa ser melhorado, reavaliado, ou o que carece de ações estratégicas por parte desse gestor e de seu conselho consultivo.

Digo isso por acreditar no empresário como o único capaz de perpetuar a própria saúde financeira em nosso país. Nosso sistema de previdência está falido. Não importa a idade, qualquer pessoa empregada, em empresa pública ou privada, se for depender exclusivamente da aposentadoria para viver no futuro, com certeza terá uma velhice mais pobre do que o estilo em que vive atualmente.

Nós enxergamos o encarecimento do Sistema de Saúde. É algo que cresce muito acima da inflação. Surgem a todo instante novas tecnologias, mas o *modus operandi* da vida moderna cria seus desafios de saúde. Hiperdisponibilidade de alimentos com açúcares industrializados, exposição a poluição e estresse. Nossa renda vem sendo corroída pelas mudanças boas e ruins na saúde. Provavelmente vamos viver de 100 a 105 anos, e o Sistema de Saúde nunca se preparou para isso.

Portanto, se você parar para pensar e fizer um cálculo simples, vai se aposentar com 75 anos e morrer por volta dos 105. Pense em quanto dinheiro é preciso acumular durante o auge do seu potencial econômico, da sua capacidade produtiva, para passar uma velhice tranquila. A resposta é: muito dinheiro.

É por isso que eu acredito que os empresários são os verdadeiros empreendedores de si mesmos, aqueles com a verdadeira capacidade de produzir uma riqueza perene, sem jamais se deixar vulnerável às vontade políticas e de governos. Eles são os únicos capazes de influenciar o próprio futuro e o de outras pessoas, gerando riqueza para si mesmos e para seus sócios, além de emprego e renda para os colaboradores.

É por isso que eu vejo o empreendedorismo como a solução. Mas empreender sozinho não adianta: é preciso algo que te dê essa capacidade holística na gestão. Eu espero, sinceramente, que este livro tenha sido o primeiro de muitos passos que os empresários darão para criar seus conselhos consultivos, que terão por meio de um processo interno ou externo um diagnóstico claro sobre a situação da empresa e seus desafios, um objetivo estratégico brilhante e um plano pragmático para ser executado. O seu sucesso é o sucesso de uma nação.

Se você tiver qualquer dúvida, pergunta, crítica, sugestão, ou mesmo se quiser ajuda para sua empresa, me encontre no e-mail daniel.schnaider@scaigroup.com.

**Nunca se esqueça: pense com calma, aja rápido!**
**A todos, o meu muito obrigado!**

# ANOTAÇÕES

Este livro foi composto na tipografia Adobe Garamond Pro, em corpo 12/16, e impresso em papel off-white no Sistema Cameron da Divisão Gráfica da Distribuidora Record.